Extrait de la
Revue de Bretagne, de Vendée et d'Anjou

ABBÉ GUILLOUX

SAINTE-ANNE

PENDANT LA RÉVOLUTION

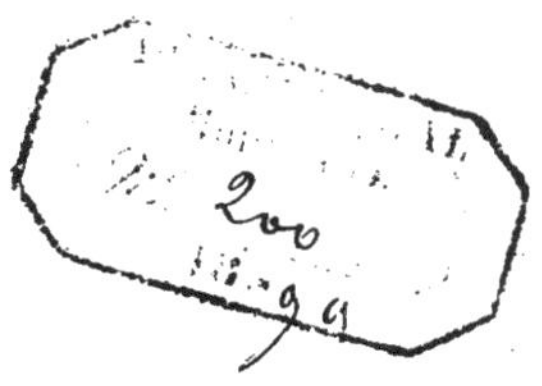

VANNES

IMPRIMERIE LAFOLYE

—

1900

SAINTE-ANNE PENDANT LA RÉVOLUTION

DU MÊME AUTEUR :

Le Bienheureux Ruaud, 1er abbé de Lanvaux, évêque de
Vannes, in-8, p. 36 1890

Le Roi Stevan, in-8, p. 40 1891

Languidic pendant la Révolution, in-8°, p. 102 . . . 1893

Le Bienheureux Ruaud (chant d'actions de grâces) in-8°,
p. 15 1893

Etudes sur une paroisse bretonne. Brandivy, in-8°, p. 273 . 1894

Histoire de l'abbaye de Lanvaux, in-8°, p. 156 1894

La Baronnie de Lanvaux, in-8°, p 64 1896

Les Prêtres de Pluméliau pendant la Révolution, cen-
tenaire d'un martyr in-8°, p. 8 1896

Les Prêtres de Quistinic pendant la Révolution, in-8°
p. 31 1898

Mort de Jean Jan et de l'Invincible. in-8°, p. 26 . . 1899

A PARAITRE PROCHAINEMENT:

Les Prêtres de Baud pendant la Révolution.

Extrait de la
Revue de Bretagne, de Vendée et d'Anjou.

Abbé GUILLOUX

SAINTE-ANNE
PENDANT LA RÉVOLUTION

VANNES
IMPRIMERIE LAFOLYE

1900

SAINTE-ANNE

PENDANT LA RÉVOLUTION

Il y a trois ans, je ne pensais pas écrire une *Histoire de Sainte-Anne pendant la Révolution*. Le travail que j'avais entrepris sur le clergé du diocèse demandait des recherches considérables, et j'avais résolu d'y consacrer tous mes loisirs. Or ce sont ces recherches mêmes qui ont donné à mes idées un nouveau cours. En feuilletant les liasses de la période révolutionnaire, mes yeux rencontraient par-ci par-là des documents d'une grande importance, relatifs à Sainte-Anne. Je me contentais d'abord de les noter au passage ; puis, je me suis mis à les copier ; et, après les avoir copiés, j'ai cru qu'il fallait les utiliser. De là cette publication, qui se divise naturellement en deux parties : le couvent et le pèlerinage. Certains développements paraîtront peut-être sortir du sujet, mais j'espère que le lecteur voudra me les pardonner en faveur de l'intérêt qu'ils présentent, et du jour qu'ils jettent sur beaucoup d'événements, mal compris ou ignorés jusqu'ici.

SAINTE-ANNE

PENDANT LA RÉVOLUTION

PREMIÈRE PARTIE

COUVENT

I

Personnel.

I. — DÉCLARATIONS RELATIVES A LA VIE COMMUNE.

Au premier janvier 1790, la communauté des Carmes de Sainte-Anne comprenait dix religieux prêtres :

Mathurin Olivier Jouhannic, né à Mur le 23 février 1755, profès du 1ᵉʳ septembre 1776, docteur en Sorbonne, prieur ;

Yves Raymond des Dézerts, né à Loudéac le 23 février 1720, profès du 16 mai 1740, sous-prieur ;

Guillaume Frollo-Kerlivian (P. Marie), né à Quimper le 24 janvier 1736, profès du 9 septembre 1753, définiteur et procureur ;

Jacques le Telland (P. Gérard), né à Loctudy, diocèse de Quimper, le 27 octobre 1726, profès du 23 novembre 1758 ;

François Dubois (P. Eloi de Saint-François), né à La Flèche le 15 janvier 1712, profès du 23 avril 1728, ancien provincial ;

Amable-François Diboine, né à Tours le 2 avril 1748, profès du 19 juillet 1772, ancien procureur du couvent de Ploërmel ;

Jean Thomas, né à Kervignac, diocèse de Vannes, le 31 décembre 1755, profès du 12 février 1784, sacriste ;

Louis Ollière, né à Plouhinec, même diocèse, le 26 avril 1762, profès du 12 juin 1785 ;

Jean-François Morice, né à Locminé, même diocèse, le 16 avril 1756, profès du 20 novembre 1779 ;

Joseph Marie Soreau, né à Beaugé, diocèse d'Angers, le 26 août 1759, profès du 30 novembre 1780 ;

Un religieux clerc :

Julien Le Bourhis, né au Faouët, diocèse actuel de Vannes, le 8 janvier 1768, profès du 4 juin 1789 ;

Quatre convers :

Jean Bouézo, né à Ploërmel le 11 septembre 1721, profès du 17 septembre 1755 ;

Charles Madrel (Fr. Gatien), né à Saint-Laurent de Langeais, diocèse de Tours, le 8 septembre 1735, profès du 20 juillet 1768 ;

Guillaume Le Mérer, né à Ploujean, diocèse de Tréguier, le 25 mars 1732, profès du 13 décembre 1769 ;

Julien Monfort, né à Sérent, diocèse de Vannes, le 4 août 1742, profès du 20 Juillet 1772[1].

Tous ces carmes ne songeaient qu'à remplir les devoirs de leur état et à procurer leur salut, lorsque parut le décret du 13 février 1790, relatif à la suppression des congrégations religieuses :

« La loi constitutionnelle du royaume ne reconnaîtra plus de vœux monastiques solennels des personnes de l'un et de l'autre sexe ; en conséquence, les ordres et congrégations réguliers dans lesquels on fait de pareils vœux, sont et demeurent supprimés en France, sans qu'il puisse en être établi de semblables à l'avenir. »

L'assemblée nationale aurait pu se borner à ce premier article et ne poursuivre la suppression des communautés que par voie d'extinction ; mais elle avait hâte d'en finir avec les moines pour mettre la main sur les biens qu'ils possédaient. De là une seconde disposition ainsi conçue :

« Tous les individus de l'un et de l'autre sexe, existant dans les

[1] L. 783.

monastères et les maisons religieuses, pourront en sortir en faisant
leur déclaration devant la municipalité du lieu, et il sera pourvu
incessamment à leur sort par une pension convenable. »

On ne pouvait mieux s'y prendre pour décider religieux et
religieuses à franchir les grilles de leur couvent et à fouler aux pieds
leurs vœux. Quelle allait être à cet égard l'attitude des carmes de
Sainte-Anne? Un seul, Charles Madrel, déclara devant la municipalité de Pluneret, le 13 avril, qu'il désirait quitter la vie commune et
se retirer dans sa famille. Lorsque Armel Guyot et Vincent Rio,
maire et adjoint de Pluneret, se rendirent le 10 mai au couvent, pour.
interroger les autres sur leurs intentions, tous déclarèrent « vouloir
rester provisoirement dans leur dit couvent[1] » ; et le 28 septembre,
ils demandèrent que ce provisoire devînt définitif[2].

En formulant ce vœu, ils n'allèrent pas contre la loi qui portait
expressément : « Il sera pareillement indiqué des maisons où seront
tenus de se retirer les religieux qui ne voudront pas profiter du
présent. » Seulement leur couvent serait-il au nombre des *maisons
indiquées* ?

II. — Conservation du couvent.

C'était au département de désigner les maisons dont il s'agit. Or
l'ordre des grands carmes comptait dans le Morbihan cinq couvents : Sainte-Anne, le Bondon, Josselin, Hennebont et Ploëimel.
Sur les cinq, il n'y avait pas l'embarras du choix, Sainte-Anne
l'emportant de beaucoup sur les autres. Dans leur procès-verbal du
10 mai, les municipaux attestèrent qu'il pouvait contenir environ
25 religieux, et que quelques chambres resteraient encore disponi-
bles « pour exercer l'hospitalité envers les étrangers que le pèlerinage
attire[3]. » Un rapport du 22 septembre 1790, adressé par le directoire du district d'Auray au directoire départemental, confirmait
entièrement ces assertions. D'après ce rapport, le couvent était à

[1] *L.* 783.
[2] *Idem.*
[3] *Idem.*

même de « loger immédiatement trente religieux », et il y avait par suite « une nécessité indispensable de le conserver[1]. » Le 1er novembre suivant, le directoire d'Auray revint presque dans les mêmes termes sur la question : « Cette maison qui peut loger de 25 à 30 religieux et qui est dans le meilleur état, est aussi la seule des cinq du même ordre qui réunisse les mêmes avantages, qui soit située aussi favorablement, et qui mérite autant d'être conservée[2]. »

Le directoire départemental fit droit à ces pressantes observations. Dans son arrêté du 21 mars 1791 qui énumérait les maisons conservées, il désigna le couvent de Saint-Anne comme celui où les carmes du département devaient se retirer, s'ils désiraient continuer la vie commune. Les religieux de Sainte-Anne furent enchantés de cette mesure, et ils s'empressèrent d'offrir leurs remerciements aux administrateurs du district, qui avaient plaidé leur cause.

La date fixée pour l'arrivée des carmes était le 31 mars au plus tard. Dès le 1er avril, la maison en comptait vingt[3], chiffre exigé pour qu'elle restât ouverte. Avant le 4 du même mois, ce nombre était dépassé. Il était prescrit qu'aussitôt réunis, ils auraient à élire le supérieur et l'économe. Cette prescription mettait la communauté dans l'embarras. L'ex-prieur prêchait le carême à la cathédrale de Vannes, et ne pouvait terminer sa mission que le 26 avril[4] ; ne convenait-il pas d'ajourner les élections jusqu'au 28, après son retour ? L'ex-procureur Frollo-Kerlivian supplia, au nom de ses confrères, les administrateurs d'Auray de leur obtenir cette autorisation. Le district transmit, le 4, cette requête au département[5], qui la prit en considération et accorda la remise demandée.

Un second ajournement devint nécessaire, et les élections ne se firent que le 3 mai. Jean Le Neveu, maire de Pluneret, les présidait. Comme on pouvait s'y attendre, Mathurin Jouhannic fut nommé supérieur, et Guillaume Frollo-Kerlivian, économe. Puis on s'occupa de la rédaction du règlement, dont voici le sommaire : 5 heu-

[1] *L.* 800.
[2] *L.* 783.
[3] *Idem.*
[4] *L.* 766.
[5] *L.* 783.

res, lever ; 5 h. 1/2, méditation ; 6 h., office ; 9 h. 1/2, grand'messe ;
11 h. 1/2, dîner ; 3 h., vêpres et complies ; 6 h., matines et laudes :
7 h , souper avec collation ; 9 h., coups de cloche annonçant le
silence et le coucher ; 9 h. 1/2, envoi des clefs chez le supérieur.[1]
Quelques religieux se présentèrent encore dans la suite ; mais le
règlement étant fait, ils n'avaient plus qu'à s'y soumettre.

Parmi les étrangers, il y en avait six d'Hennebont, tous arrivés
17 octobre pour le 1er avril :

Jean-Pierre Coquerel (P. Victor), né le 26 octobre 1744, profès du
1763, prieur ;

François-René Blouet (P. Grégoire), né le 24 février 1731, profès
du 20 juillet 1749 ; jadis provincial de son ordre, recteur de la paroisse de la Basse-Terre et supérieur de mission des carmes à la
Guadeloupe ;

Félix Blouet, né le 30 avril 1737, profès du 8 juin 1756, frère du
précédent ;

René-François Charpentier (P. Rodolphe), né le 4 octobre 1731,
profès du 20 décembre 1753 ;

Jean-Mathurin Lorent, né le 27 août 1761, profès du 26 septembre 1787 ;

Jacques Le Gal (P. Robert), né le 14 novembre 1735, profès du
21 août 1762.

Deux de Vannes :

Joseph Kerdoneuff (P. Joachim), né à Plougastel-Daoulas, diocèse
de Quimper, le 15 mai 1746, profès du 19 mars 1782, au couvent
du Port (carmes déchaussés) ;

Pierre Sauvé (P. Amand), né le 9 novembre 1734, profès du 10 juin
1755 aux grands carmes de Rennes, carme du Bondon.

Deux de Ploërmel :

Jacques-Philippe Le Maigre (P. Bernardin), né en 1715, prieur ;

Jean Rousseau (P. Maurice), né en 1744 à Angers, procureur.

Le 28 mars, Rousseau demanda un sursis au département, afin
de s'assurer s'il y avait place pour lui et pour quelques-uns de ses
confrères, à la maison d'Angers. Le 19 avril, il s'achemina vers cette
ville avec un autre religieux et y arriva le 27. Il n'y habita pas long-

---

[1] L. 783.

temps, et se trouvait à Saint-Anne avant le 1er juillet.

Trois de couvents étrangers au département :

Corentin Lazbleis, d'Angers ;

Cyrille Le Mailloux, de Nantes ;

Florentin Grimont, de Saint-Pol-de-Léon, celui-ci horloger et facteur d'orgues, entr'autres de celles de Sainte-Anne.

En tout 13 nouveaux, 14 en y joignant M. Jarno.

Fils de Jacques, notaire au présidial de Vannes, et de Louise Morin, Béatrix-François Hyacinthe Jarno avait été secrétaire de l'évêque et vice-promoteur de l'officialité. Recteur de Crach, il résigna en 1781 cette paroisse, en faveur d'une pension de 600 livres, et se retira chez les carmes de Sainte-Anne. Il ne les quitta pas après l'exécution des décrets, et il devint membre de la nouvelle communauté.

De l'ancienne il n'en restait plus que 12 : l'un ayant déserté, comme on l'a vu, et deux autres étant décédés, François Dubois le 5 septembre 1790, et Jean Bouezo le 20 février 1791. Total au 1er juillet 1791 : 26 ; nombre qui tomba à 25, avant le 22 août 1792, par suite de la mort du frère convers, Julien Monfort.[1]

Il ne suffisait pas de les réunir, il fallait aussi leur procurer les moyens de vivre. Les carmes, appartenant à la maison de Sainte-Anne, craignaient beaucoup qu'on ne les forçât de recourir à la charité publique. C'est qu'il était dit dans l'acte de fondation « qu'ils sont religieux rentés », et « qu'ils s'obligent sur leur âme et conscience à ne pouvoir mendier ou quêter sous aucuns prétextes que ce puissent être...[2] » En conséquence ils demandaient à être traités comme religieux rentés. Telle était bien l'intention du gouvernement, qui leur assigna une pension.

A combien s'élevait-elle ? Elle n'était pas uniforme, et variait suivant l'âge et la qualité des religieux. Deux seuls, ayant plus de 70 ans, recevaient 1000 livres. Le total, au mois de novembre 1791, produisait 18400 livres, y compris le traitement de M. Jarno. Cette somme permettait aisément à l'économe de pourvoir aux besoins de ses confrères, et d'entretenir la maison « dans le même état de

[1] *L.* 783.
[2] *Id.*

propreté où elle était, lorsque les religieux en étaient propriétaires[1]. »

A cause de la difficulté des temps, il va sans dire que les religieux se tenaient sur leurs gardes, évitant avec soin de donner à la critique la moindre prise. Ils encoururent néanmoins certaines accusations que les administrateurs d'Auray, après vérification, déclarèrent sans fondement : « Ils reçoivent tout prêtre qui se présente pour dire la messe dans leur église, mais ils n'en gardent aucun à coucher. Ils ont refusé le ci-devant recteur de Saint-Patern qui leur demandait un asile. Il y a peu de temps que le sieur Leyris, ci-devant scholastique de la cathédrale, et le sieur Plaissix, recteur de Plouharnel, y arrivèrent successivement à 8 heures du soir pour y coucher. On les fit rafraîchir, et on les pria de chercher un gîte ailleurs. Ce n'est certainement pas là la conduite de gens dangereux par leurs intrigues, comme on voudrait l'insinuer[2]. »

Cette discrétion ne sauva pas la communauté. De jour en jour l'esprit révolutionnaire tendait à se déclarer davantage, et il arriva un moment où tous les ecclésiastiques furent mis en demeure de prêter le serment prescrit par la constitution civile du clergé, sous peine d'être privés de traitement et frappés de proscription. Fidèles à leurs premières résolutions, les religieux de Sainte-Anne restèrent inébranlables. Dès lors ils n'avaient qu'un parti à prendre, celui de la dispersion.

III. — DISPERSION.

Elle s'accomplit en septembre 1792.

Le 21 de ce mois, deux administrateurs du département, en commission à Auray, écrivaient au directoire du district : « Nous avons l'honneur de vous prévenir que tous les religieux de la maison de Sainte-Anne en vont partir, à l'exception de l'économe, le sieur Frollo-Kerlivio, dit père Marie[3]. » Trois jours après, celui-ci annonçait au procureur-syndic que la dispersion était un fait accompli : « Des 25 individus qui composaient la cy-devant communauté de Sainte-Anne, il ne reste avec moi que M. Raymond des

----

[1] *L.* 783.
[2] *Id.*
[3] *Id.*

Dézerts, âgé de 73 ans...»[1] Où s'étaient retirés cés 25 individus, pour parler le langage de l'économe ?

Dix-huit avaient résolu de passer en Espagne. Voici leurs noms : Mathurin Jouhannic, Maurice Rousseau, Félix et Grégoire Blouet, Rodolphe Charpentier, Amand Sauvé, Victor Coquerel, Robert Le Gal, Corentin Lazbleis, Cyrille Le Mailloux, Joachim Kerdoneuf, Jean Thomas, Jean-François Morice, Amable Diboine, Louis Ollière, Joseph Soreau, Julien Le Bourhis et Florentin Grimont. Le 19, Maurice Rousseau avait pris à Pluneret un passeport commun, et le 21 eut lieu la sortie.[2]

Il serait curieux de les suivre dans leurs pérégrinations ; mais il n'y faut pas songer, les détails faisant complètement défaut. On sait seulement qu'en mai 1798, Maurice Rousseau était à Avila, et qu'il ne pouvait rentrer en France parce que celui qui avait le passeport commun était déjà parti ; qu'en juin 1797 les deux Blouet étaient à Cadix et que le P. Grégoire, fixé à Auray en 1801, attaché au service de la chapelle de Sainte-Anne en décembre 1803, a été en 1815 enterré dans le cloître ; qu'en 1794 Jean Thomas et Julien Bourhis étaient aux environs de Sainte-Anne, et qu'on leur doit le nouvel authentique de la relique ; que Joachim Kerdoneuf et Jean-François Morice se trouvaient aux environs de Locminé, en 1799[3] ; et qu'en mars 1800, le frère de Morice obtenait « de le retirer chez lui des greniers des campagnes où sa santé s'altère »[4] ; que Florentin Grimont, en 1806, n'avait pas encore quitté l'Espagne. Voilà quelques renseignements sur huit ; et les dix autres ? Rien ne met sur leurs traces.

Sept restèrent au pays : Bernardin le Maigre, Gérard Le Tellant, Béatrix Jarno, Mathurin Lorent, Raymond des Dézerts, Frollo-Kerlivian et Guillaume Le Mérer.

Les trois premiers se rendirent à la Retraite des femmes, lieu désigné pour recevoir les sexagénaires et les infirmes. D'après une note du 21 juillet 1793, Bernardin Le Maigre n'avait aucun moyen

[1] *L.* 783.
[2] *Id.*
[3] *L.* 290.
[4] *Id.*

connu de vivre ; Gérard Le Tellant jouissait d'une pension viagère de 100 livres sur sa famille demeurant à Pont-Labbé (Finistère).[1] Tous deux furent envoyés au château de Josselin, le 15 mai 1794. Le père Bernardin, presque octogénaire, ne put supporter les fatigues du voyage et tomba malade à Locminé. Aussitôt qu'il le put, il continua son chemin. Il vivait encore le 29 mars 1795, date à laquelle le district de Ploërmel demandait à Bruë sa libération[2]. Le père Gérard, mis en liberté avec les autres détenus, fut enfermé de nouveau, le 17 juin 1796, au Petit-Couvent, par ordre de l'accusateur public, et il s'y trouvait encore, le 15 septembre suivant, infirme et vivant de charité[3]. M. Jarno devait lui aussi partir, le 15 mai, pour Josselin, mais il était tellement malade qu'on fut obligé de surseoir à son voyage. Il mourut à Vannes, le 26 du même mois, à l'âge de 77 ans[4].

Mathurin Lorent avait quitté le couvent, à la fin de juillet, en déclarant qu'il se retirait dans sa famille, près de Saint-Brieuc, mais il dut y retourner dans la suite. Du moins un procès-verbal du 20 août 1792, relatif au récolement de l'inventaire, le porte comme faisant partie de la communauté. Il s'établit quelque temps sur le territoire de Languidic, qu'il n'habitait plus, le 19 février 1793, jour où Voirdye, procureur de la commune, jugea inutile de se rendre à sa demeure pour y mettre les scellés[5].

Raymond des Dézerts, attaqué d'une révolution d'athsme, d'une hernie affreuse au côté gauche, était hors d'état d'être transporté à un quart de lieue : « Autant vaut-il qu'il soit chez le médecin à ses frais que dans un hôpital aux frais de la nation », écrivait Frollo-Kerlivian[6]. Armel Guyot, chirurgien de Sainte-Anne, sollicitait en effet la permission de le garder, permission qui lui fut accordée le 1er octobre : « Le département autorise Yves Raymond, prêtre, à résider chez vous, mais à la condition expresse que vous vous en-

---

[1] *L.* 773.

[2] *L.* 1063.

[3] *Notes de Luco.*

[4] *Id.*

[5] *Arch. com. de Languidic.*

[6] *L.* 783.

gagiez à répondre de sa conduite[1]. » La condition n'était pas de
nature à troubler le chirurgien, qui savait à quoi s'en tenir sur
l'état du religieux. Comme il n'en est plus question dans la suite,
peut-être mourut-il quelques jours après.

Frollo-Kerlivian quitta le dernier le couvent, et déclara rentrer
dans sa famille. Il partit avec un cabriolet que les administrateurs
lui avaient accordé pour le récompenser des plantations et des
défrichements qu'il avait opérés depuis trente ans[2].

Quant à Guillaume Le Mérer, on n'a aucun renseignement qui le
concerne, il est probable qu'il se retira dans son pays d'origine.

Tous ces moines, à leur sortie du couvent, emportèrent les effets
et le mobilier qui étaient à leur usage personnel, et dont la loi
d'ailleurs leur reconnaissait la propriété ; et c'est peut-être dans
l'espoir d'un prochain retour qu'ils les confièrent, en partie du
moins, à des particuliers du village et des environs. Vers la fin de
1793, l'agent national Laity réussit à les découvrir, y compris des
tuyaux d'orgues et autres menus objets appartenant à Florentin
Grimont, et cachés à Kermadio[3]. Il va sans dire que le tout fut
immédiatement confisqué.

Restait le mobilier commun. Qu'allait-il devenir ?

II

Mobilier.

I. — Inventaire.

Le jour même où les municipaux de Pluneret recevaient les déclarations des carmes relatives à la vie commune, ils dressèrent un
inventaire des meubles et effets de la maison, en présence des religieux qui déclarèrent, en forme de protestation, n'avoir « aucun
moyen empêchant[4]. »

[1] *L.* 809.
[2] *Luco.*
[3] *L.* 249.
[4] *L.* 783.

Ils se firent d'abord présenter les livres des recettes et des dépenses, et constatèrent que les premières dépassaient les secondes de 541 livres. Le revenu total était de 12 à 13000 livres, variable suivant le prix des grains. Après quoi, ajoutaient les commissaires, « vu qu'il était environ midi, nous sommes retirés chez nous pour dîner[1] ».

A deux heures, toujours accompagnés des religieux, ils se rendirent à la sacristie, où ils mentionnèrent « 86 pièces d'ornements d'église, tant chasubles, dalmatiques et chappes de différentes couleurs ; environ le même nombre d'aubes et de rochets de toile, dix devant d'autel. vingt pièces d'argenterie pour le service du culte qui, joint à l'argenterie pour le service de la table, peuvent peser environ cent marcs[2]. » Déjà, le 10 novembre précédent, les moines avaient envoyé 122 marcs à la monnaie de Nantes.

Continuant leur inspection, ils purent constater dans la bibliothèque de 1000 à 1200 volumes « bien proprement reliés » ; dans une chambre voisine « environ deux cents vieux livres en parchemin » ; dans la lingerie, 64 paires de draps, 52 douzaines de serviettes, 40 nappes, 50 lits tant bons que mauvais ; à la cuisine, 40 pièces en fer et cuivre, peu d'étain, « mais une fayance assez nombreuses » ; enfin de quoi nourrir pendant six mois toute la maison, sans excepter ses quatre vieux chevaux.

Les commissaires avertirent les religieux que les objets ci-dessus mentionnés étaient à leur charge et garde, puis ils signèrent le procès-verbal, que signèrent également Marc Rallier, secrétaire-greffier, le prieur et le procureur de la communauté.

Quelques mois après, on accusa les religieux d'enlever secrètement les meubles affectés à leur usage personnel, sous prétexte qu'au cas de la suppression du couvent, on pourrait leur en contester la propriété. Le département prit la dénonciation au sérieux, et le 15 septembre, il chargea Cauzique, un des administrateurs du district d'Auray, d'aller la vérifier. Cauzique n'eut pas de peine à en reconnaître la fausseté. Les moines savaient pertinemment

---

[1] *L.* 783.

[2] *Id.*

que le jour où la communauté serait dissoute, les meubles et effets de leurs cellules leur reviendraient de droit. Tout le reproche qu'on pouvait leur faire, écrivait le commissaire le 19 septembre 1791, c'était d'avoir « cru pouvoir, sans léser la nation, donner au sieur Guyot, ci-devant membre de notre directoire, et acquéreur de plusieurs boutiques à Sainte-Anne, quatre ou cinq pierres de taille dont il avait besoin pour les réparations. » Ces pierres provenaient de la démolition, faite quatre ou cinq ans auparavant, de l'ancienne dépense du couvent[1].

Depuis lors, jusque vers le milieu de 1792, ils ne furent guère tracassés à ce sujet. A cette époque, où la persécution menaçait de devenir générale, l'administration départementale se mit à les soupçonner sérieusement, et elle délégua Bosquet et Ange-Marie Guillon, le premier administrateur du département, le second du district d'Auray, pour procéder au récolement du précédent inventaire. Cette opération, qui se fit les 22 et 23 août, les religieux déclarant de nouveau « n'avoir aucun moyen empêchant », révéla un accroissement sensible du mobilier de la maison.

La chapelle renfermait en argenterie, un très beau soleil, quatre calices dont deux neufs avec leurs patènes, deux ciboires fort vieux, une croix de procession avec son pied en argent, deux encensoirs avec leurs navettes, deux grandes paix plaquées en argent, deux petits crucifix d'autel, une lampe antique, un bénitier avec son goupillon, deux paires de burettes avec leurs plateaux, deux grands chandeliers de procession ; en effets argentés, dix-huit chandeliers d'autel, deux chapes à reliques, et un grand crucifix ; en cuivre, six chandeliers d'autel.

La dépense : 24 couverts d'argent, 2 cuillers potagères, 2 cuillers à ragoût, 12 cuillers à café, 1 porte-olier avec ses couvercles, 2 tables de marbre noir commun, 5 chandeliers d'argent haché, 6 chandeliers en cuivre ;

La cuisine : 45 pièces tant en cuivre qu'en fer, dont un tourne-broche, 36 pièces d'étain, une « feuillance assez nombreuse » ;

La lingerie : 126 paires de draps, 50 nappes, 48 souilles d'oreille ;

1 *L.* 783.

Les chambres : 5o lits « tant bons que mauvais », quelques chaises, tables et armoires ;

La bibliothèque : 2412 volumes proprement reliés, non compris les livres en parchemin jetés au rebut dans une chambre voisine ; 10 livres de chant, dont quatre en parchemin ;

La salle de compagnie : une table de marbre commun, deux tables de jeu, quelques chaises et une vieille pendule ;

La tour : 4 cloches dont une grosse, deux moyennes et une petite montée jusqu'au donjon, trois timbres[1].

Au cours de leur inspection, les commissaires pénétrèrent dans un appartement occupé par Florentin Grimont. Ils virent le moine entouré d'outils qu'il avait fait venir de Brest où il travaillait au moment de la Révolution, et d'ouvriers qu'il entretenait à ses frais[2]. N'ayant rien à voir à cette installation, les commissaires passèrent outre et ne la comprirent pas dans l'inventaire, qui fut clos et signé le 23 août.

Moins d'un mois après, les carmes avaient vidé le couvent. N'avaient-ils pas mis la main, à leur sortie, sur les effets de la communauté ? Les administrateurs Bruë et Bécheu qui étaient, on l'a déjà dit, en commission à Auray, n'étaient pas très rassurés. Ils écrivirent au département qu'il ferait bien d'envoyer des agents pour visiter la maison et apposer des scellés partout où ils le jugeraient utile, « et surtout sur le tronc des offrandes, où ils avaient vu une certaine somme[3]. »

Conformément aux désirs des deux administrateurs, un second récolement eut lieu le 24 septembre. Le nommé Moran reçut l'ordre « de se transporter sur-le-champ à la maison conventuelle de Sainte-Anne pour, en présence du procureur syndic, y vérifier si les meubles et effets y sont intacts et prendre toutes les précautions de sûreté qu'ils aviseront pour leur conservation, et pour soustraire surtout l'argenterie et autres objets précieux à la facilité où ils sont d'être enlevés[4]. »

[1] *L.* 783.
[2] *Id.*
[3] *Id.*
[4] *L.* 800.

Pour prévenir un pareil danger, il fallait instituer un gardien. L'homme de choix des administrateurs était Frollo-Kerlivian. « Il nous paraît très propre, avec des domestiques sûrs, à garder cette maison[1] », écrivaient Bruë et Béchen. Effectivement, il en eut provisoirement la garde ; mais cette responsabilité lui pesait, et il n'aspirait qu'à en être déchargé : « Ma position est vraiment critique, s'écriait-il le 24 septembre ; hier à l'entrée de la nuit un inconnu fut trouvé secouant la porte de ma chambre ; j'étais heureusement accompagné d'un homme fort et vigoureux. Jusqu'à présent tout est intact, excepté le fruit qu'on pille sans scrupules. » Sa lettre se terminait par ces mots qui témoignent clairement que les faveurs officielles ne lui répugnaient pas : « Je continue à entretenir le jardin et autres biens de la nation afin que leur vente en soit plus avantageuse. Mon seul désir est de pouvoir luy être utile et de mériter la bienveillance de ses administrés. Agréez les sentiments patriotiques de votre serviteur[2]. »

Sur le refus de l'ex-économe, le choix tomba sur Etienne Audran, ancien secrétaire-greffier de Pluneret, demeurant au village de Sainte-Anne. Par un arrêté en date du 3 octobre, le directoire du district d'Auray lui donnait « 40 sols par 24 heures, et 40 autres sols pour se procurer au moins deux aides ou surveillants[3]. » Cela en attendant la vente.

II. — Vente

Elle commença par les fruits du jardin, dont le pillage incessant rendait plus difficile la garde même de la maison. Audran fut autorisé, dès le jour de sa nomination, à les vendre en bloc ou en détail, au compte de la République[4].

Vint ensuite le tour du mobilier. Le 13 novembre, le conseil communal d'Auray avisa le procureur-syndic que des affiches

[1] *L.* 783.
[2] *Id.*
[3] *L.* 801.
[4] *L.* 801.

avaient été posées à cet effet. Annoncée pour le 18 du même mois[1], la vente eut lieu au jour indiqué et le premier objet vendu fut un chien, estimé 9 livres ; elle se poursuivit le 30 novembre, le 4 et le 8 décembre, donnant un boni de 7898 livres, 19 sols, 6 deniers[2].

Le citoyen Laity, huissier, se trouva chargé de ces diverses opérations, qui lui procurèrent un beau bénéfice, la journée d'un huissier en campagne étant de 6 livres 15 sols. Le 17 février 1793, le directoire lui assignait 108 livres pour ses journées, 5 livres 11 sols pour papier et enregistrement, 12 livres pour papier et façon de copie, 30 livres pour le crieur[3].

Malgré son zèle, la vente traîna assez longtemps. C'est ce qui paraît résulter d'une lettre du 26 avril 1795, que lui écrivit le directoire d'Auray : « Nous te prévenons, citoyen, que le département nous a adressé, le 23 courant, une ordonnance à ton profit de 155 livres, 5 sols 5 deniers, pour les frais que tu as faits lors de la vente des meubles provenant de la ci-devant communauté de Sainte-Anne, en Pluneret. Tu peux venir t'en saisir, quand tu le voudras, afin d'en percevoir le montant[4] ».

Les ventes se faisaient à Auray, où le mobilier avait été entièrement transporté avant la fin de 1792. Une note assure qu'au 1ᵉʳ janvier 1793, il n'existait plus « au ci-devant couvent de Sainte-Anne d'effets appartenant à la nation. » Cette assertion est générale et doit comprendre avec les effets de la maison ceux de la chapelle. Or, le 19 mai 1797, l'administration d'Auray écrivait à l'administration centrale :

« Il existe 1° dans la maison que nous occupons un tas d'ornements et autres effets d'église... 2° dans le dépôt de la maison des ci-devant capucins d'Auray les débris de tout ce que nos prédécesseurs y avaient entassé d'effets provenant d'églises, de prêtres, d'émigrés, sans qu'il existe aucun inventaire qui en constate l'origine. Ce dépôt a été forcé et pillé pendant et après l'affaire de Quiberon, parce qu'on s'empara de la maison pour y loyer 3 à 4000 prisonniers[5]. »

[1] *Arch. comm. d'Auray.*
[2] *Notes de l'abbé Luco.*
[3] *L.* 803.
[4] *L.* 814.
[5] *Id.*

Sans qu'on puisse l'affirmer avec certitude, il y a lieu de croire que parmi « ce tas d'ornements », il y en avait de Sainte-Anne. Quelle mesure fallait-il prendre à ce sujet? L'administration d'Auray demanda l'autorisation de les mettre en vente : « Avant de terminer notre mission, nous pensons qu'il convient de ne rien laisser après nous en ce genre. Sans doute cela eût dû être fait depuis longtemps, mais mille causes provenant des circonstances difficiles dans lesquelles nous nous sommes trouvés pendant presque toute la durée de notre administration, ne nous avaient pas permis de nous en préoccuper[1]. »

La réponse arriva le 18 juin, conforme aux désirs des administrateurs. Ceux-ci ne perdirent pas de temps. Quatre jours après, ils arrêtèrent « que la vente sera publiée et affichée dans la commune d'Auray ainsi que dans celles environnantes », qu'elle aura lieu le 11 juillet et jours suivants, jusqu'à complète liquidation[2]. Le citoyen Hazard, greffier du juge de paix, fut chargé d'y procéder, sous les conditions suivantes : « Il fera payer sur le champ, en numéraire, le prix des adjudications et en outre les six deniers par livre pour les frais de la vente » ; à son tour il versera, dans la huitaine après la clôture de son procès-verbal, la totalité du produit à la caisse du district, sauf les frais qui seront liquidés par la commission[3].

III. — Objets réservés

Tous les objets mobiliers ne furent pas mis en vente. L'administration réserva les cloches, l'argenterie, l'orgue et la bibliothèque.

La loi du 22 avril 1792 disait, dans son article V, à propos des cloches : « Les cloches de toutes les églises des maisons religieuses et généralement de toutes celles qui n'auront pas été conservées comme paroisses succursales ou oratoires nationaux seront sans exception descendues et portées aux ateliers de la fabrique des monnaies et bronzes[4]. »

[1] *L.* 812.
[2] *L.* 804.
[3] *Id.*
[4] *L.* 801.

Tant que les carmes demeurèrent à Sainte-Anne, on respecta les cloches. A peine eurent-ils quitté leur asile qu'on les confisqua. Le 16 octobre, le directoire arrêta « que les cloches de la ci-devant maison conventuelle de Sainte-Anne seront incessamment descendues et transportées à bord de barque au quay d'Auray pour être envoyées à la monnaie[1]. » Le procureur syndic avait ordre de mettre en adjudication au rabais leur descente et leur transport[2].

L'argenterie devait avoir la même destination. C'est pour s'en assurer surtout qu'on s'était hâté de nommer un gardien. La raffle cependant ne fut pas complète du premier coup, et il en restait encore quelques débris à la chapelle jusqu'en 1794. Une dernière visite faite vers le milieu de cette année la dépouilla de tout ce qu'elle renfermait[3].

L'administration pouvait se vanter. D'une manière ou d'une autre, elle avait réussi à saccager le couvent et la chapelle, en sorte que, le 19 mai 1797, elle s'écriait qu'il n'y avait plus à Sainte-Anne que « la bibliothèque d'environ 2 à 3000 volumes, un orgue assez bon et un grand chapier[4]. »

Le chapier n'avait sans doute pas grande valeur, et on se demande pourquoi on l'avait épargné. Quant à l'orgue, aucune décision n'intervint à cet égard avant 1796. En cette année, le Ministre des finances autorisa l'administration centrale du Morbihan « à faire vendre à l'enchère les buffets d'orgues qui existent dans le département et à excepter de cette mesure ceux qui paraîtraient le mériter par la beauté de leur travail et leur perfection[5]. » Cette circulaire fut communiquée, le 25 mai, au directoire d'Auray avec ordre de procéder à l'estimation des buffets du district, et d'en adresser sur-le-champ, à Vannes, le procès-verbal.

Le district ne renfermait que deux orgues, celles de Sainte-Anne et de Saint-Gildas d'Auray. Le directoire chercha aussitôt des experts qui voulussent se charger d'en dresser l'inventaire, « sur-

---

[1] *L.* 801.
[2] *Id.*
[3] *Arch. de l'évéché.*
[4] *L.* 812.
[5] *L.* 811.

tout pour celui de Sainte-Anne[1] », le plus important des deux. On ne connaît pas les conclusions de l'expertise ; mais au mois de mai de l'année suivante, cette question n'était pas réglée encore : « Que fera-t-on de l'orgue de Sainte-Anne »[2], écrivait l'ancienne administration au moment où elle se préparait à se défaire des dépouilles des victimes de la Révolution ? Sans le moindre effort, elle suggéra la solution que voici : « Nous pensons qu'il conviendrait de le déposer dans la tribune de notre église qui est assez vaste pour le recevoir, en attendant une destination ultérieure[3]. »

Le district reçut une réponse favorable, dont il donna connaissance aux municipaux d'Auray, en leur faisant observer que l'orgue étant destiné à être meuble communal, il leur appartenait d'en opérer le transport. Ce à quoi ils consentirent, comme il paraît par une lettre du 15 à l'administration centrale : « Nous nous préparons à faire démonter et transporter à Auray, et remonter dans le bâtiment destiné au culte l'orgue de Sainte-Anne. » Une seule chose les inquiétait, le manque de ressources. Pour subvenir aux frais, ils demandèrent, « de vendre tous les débris de l'ancien orgue de cette commune et d'en faire servir le produit à cet usage. »[4] Or le district et la municipalité avaient mal compris l'intention du département, qui n'était pas de *remonter* dans l'église d'Auray l'orgue de Sainte-Anne, mais de l'y *déposer* seulement[5].

En réalité il ne fut ni déposé ni remonté à Auray, puisqu'il continua de rester en place. Seulement, en 1804, on avait projeté de raccommoder l'orgue d'Auray avec des jeux tirés de celui de Sainte-Anne. Deux ou trois jeux furent enlevés dans ce but ; mais le père Blouet, qui avait la garde de la chapelle, s'empressa de porter plainte au juge de paix[6], et cela dut suffire à réprimer d'autres tentatives du même genre.[7]

[1] *L.* 811.
[2] *L.* 812.
[3] *Id.*
[4] *L.* 769.
[5] *Id.*
[6] *Arh. de l'évéché.*
[7] L'orgue a été vendu à Carnac, depuis une trentaine d'années.

La bibliothèque eût mérité, plus que l'orgue assurément, de passer intacte à la postérité. Elle comprenait en dernier lieu, on l'a vu, deux ou trois mille volumes[1]. Bien souvent il en avait été question depuis l'origine de la Révolution. D'après les lois du 27 septembre 1789, le monastère aurait dû déposer, au greffe de la municipalité, un état et catalogue des livres qu'elle renfermait. Les commissaires chargés de l'inventaire du mobilier, avaient eux-mêmes omis de le fournir. Pour réparer cette négligence, Le Grand, procureur syndic, requit, le 20 septembre 1793, « que le directoire nomme de suite un commissaire pour effectuer le catalogue et se charge d'en faire le transport à Auray[2]. »

Le directoire ne déféra pas à cette réquisition. Il avait peu d'estime pour ces ouvrages qu'il considérait comme « un fatras de vieux théologiens, interprètes, commentateurs mystiques et ascétiques auteurs et quelques mauvais historiens[3]. » A son avis, d'ailleurs, l'inventaire dressé dans la forme prescrite par l'instruction du 15 mai 1791, entraînerait plus de frais que les livres ne valaient ; de plus, si on les transportait à Auray, on ne pourrait les loger dans la maison du district, encombrée déjà par la bibliothèque des chartreux, et on serait obligé de faire la dépense d'un nouveau local. Dans ces conditions, il opina pour « un inventaire pur et simple et simplement nominatif desdits livres lesquels resteraient déposés où ils sont à présent jusqu'à ce que l'administration supérieure n'ait décidé où elle sera transportée pour être plus avantageusement vendue[4]. »

L'administration supérieure ne se pressa pas de prendre une décision, et la bibliothèque était toujours au même endroit, lorsqu'une loi de la Convention ordonna de créer un Muséum dans chaque chef-lieu de district. Le muséum d'Auray devait s'établir dans la chapelle de la Congrégation des hommes. On avait obtenu des fonds suffisants pour disposer une salle à cet usage, et les travaux touchaient à leur fin au moment où la guerre civile éclata (1794-1795).

[1] L. 812.
[2] L. 803.
[3] Id.
[4] Id.

Dès lors, « on ne s'occupa plus que de se mettre à l'abri d'un coup de main, et les ouvriers ainsi que les fonds furent employés à la sûreté publique[1]. » Deux ans s'écoulèrent ensuite, sans que la question eût fait un pas. En mai 1797, l'administration écrivait effectivement : « Le muséum resta là, et il est encore aujourd'hui dans le même état avec les matériaux nécessaires à son achèvement.[2] » Il s'agissait enfin de reprendre le projet abandonné. Pour le réaliser, il ne fallait pas cependant disposer aveuglément de tous les livres qu'on avait sous la main, mais savoir en faire un choix judicieux : « Des deux bibliothèques de Sainte-Anne et de la Chartreuse, on pourrait tirer un millier de volumes propres à faire les fonds de la collection... Tout ce qui n'entrerait pas dans la collection que nous sollicitons, devrait être envoyé au pilori, n'étant pas propre à d'autre usage[3]. »

Jusqu'à quel point ces instructions furent-elles suivies ? On l'ignore. Une tradition parle de livres brûlés sur le Loch, sans autres détails. Alors qu'elle serait authentique, il est certain qu'on en épargna beaucoup ; car la mairie d'Auray contient encore de gros in-folio qui proviennent de la Chartreuse, et la bibliothèque du Petit-Séminaire de Sainte-Anne, un certain nombre de volumes ayant appartenu aux carmes. Ajoutons que les livres n'étaient pas en proie au premier venu. Le fermier du couvent en avait la garde, et il en demeurait responsable devant l'administration[4].

[1] *L.* 812.
[2] *Id.*
[3] *Id.*
[4] *Registre 32*, p. 71.

III

Immeubles.

I. — Vente du village.

L'administration avait attendu le départ des moines pour vendre leur mobilier ; elle n'avait pas attendu ce moment pour s'occuper de la gestion et de l'aliénation de leurs immeubles. Un sieur Guyot, d'Auray, qui en avait dressé l'état, avait catalogué aussi la bibliothèque de la Chartreuse. Pour ce double travail, le département ordonna, le 19 janvier 1792, au receveur du district d'Auray, de lui verser 242 livres 3 sols 6 deniers.

L'inventaire des propriétés achevé, on les mit en vente. Mon dessein n'est pas d'entrer dans le détail à ce sujet. Je mentionnerai seulement les aliénations des immeubles du village, parce que ces biens constituaient des dépendances plus ou moins immédiates de la communauté.

Trois acquéreurs étaient étrangers à la localité. Ils se nommaient Rousse et Arnou Leconte, de Lorient : Guillaume Cohéléach, constructeur, et consorts, d'Auray[1].

C'est au premier que furent vendus, le 21 avril 1791, pour 12100 livres une métairie de Keranna Kerservant ; le 9 janvier 1792, pour 950 livres, deux maisons à Pont-Pioche ; le même jour, pour 1400 livres, la maison du vieux four avec appentis et jardin derrière[2].

Au second, le 12 juillet 1791, pour 10100 livres, le fonds de Keranna Kerloguen ;

Au troisième, le 8 avril 1793, pour 9200 livres, une métairie et un bois[3].

---

[1] *Notes de l'abbé Luco.*

[2] *Idem.*

[3] *Idem.*

Six acquéreurs étaient originaires de la localité ou y avaient leur domicile. L'administration vendit[1] :

Le 21 avril 1791, à Etienne Audran, boulanger, la maison du nouveau four avec petit jardin : 1775 livres.

Le même jour, au sieur Jardin, hôte du Lion d'Or, les deux auberges de Sainte-Anne : 33 300 livres ; au même, le 30 mars 1792, un bois de haute futaie : 4025 livres, et le 2 avril suivant, onze cordes de terre en prateau : 55 livres. Aux auberges était annexé « un grand verger séparé de la principale auberge par le grand chemin, lequel était planté d'arbres en boule[2] », et de plus un petit terrain planté de bois, formant une portion de cercle à la porte du verger, et vis-à-vis une des grandes portes de l'enclos.

Le 22 août 1791, à Armel Guyot, chirurgien, une maison sur le cloître : 390 livres ; une rangée de maisons servant de boutiques et couvertes en ardoises : 3025 livres ; une maison dite *l'hôpital* : 2025 ; la maison dite la *buanderie* : 526.

Le 9 janvier 1792, à Jean Le Neveu, du Varquaise, village aux portes de Sainte-Anne, la maison dite *La Croix Verte* : 1777 livres.

Le 3 mars 1792, à François Puel, boulanger à Sainte-Anne, une maison : 55 livres.

Le 12 août 1796, à Pierre Le Gal, meunier au moulin de Hurtaut, une maison : 810 livres.

Parmi ces acquéreurs, retenons les noms de Armel Guyot, Jean Le Neveu et Etienne Audran. Les deux premiers furent maires de Pluneret, et le troisième secrétaire-greffier. Est-ce à dire qu'en leur conférant ces charges, le peuple approuvât leur conduite ? Les vrais sentiments du peuple, nous les connaissons ; il les manifesta, de manière à dissiper les doutes, dès les premières ventes de 1791.

II. — EMOTION POPULAIRE.

Le maire de Pluneret et le procureur de la commune voulurent payer d'audace. Grands partisans de la confiscation des biens ecclésiastiques, comme si rien ne leur eût paru plus naturel, ils

[1] *Notes de l'abbé Luco.*
[2] *L.* 872.

en soutenaient hautement la légitimité. Mal leur en prit. Menacés, insultés, gravement troublés dans l'exercice de leurs fonctions, ils avaient couru même des dangers sérieux de la vie. Ainsi à une foire qui se tenait dans les environs, le procureur subit la mauvaise humeur de la foule et se vit obligé de vider la place. Devant cette hostilité déclarée, ils donnèrent leur démission[1].

Cette démission attira l'attention des délégués royaux qui parcouraient alors le département pour rétablir la paix troublée par les événements de février. Ils se rendirent immédiatement à Pluneret, accompagnés de MM. Le Goaesbe et Regnier, membres du directoire départemental, et de Cauzique, membre du district d'Auray, et y arrivèrent le 5 mai. Convoqué dès la veille, le conseil communal les attendait dans la chapelle du presbytère qui servait de Mairie, et leur exposa les raisons qui avaient motivé sa retraite[2].

Les paysans présents confirmèrent cet exposé à leur façon. L'un d'eux déclara qu'il s'opposaient à la vente des biens nationaux ; un autre, qu'ils ne souffriraient pas les nouveaux impôts annoncés ; un troisième, qu'ils resteraient toujours attachés à leurs prêtres. Des applaudissements unanimes accueillirent surtout cette dernière protestation : tous s'écrièrent qu'ils ne recevraient jamais d'intrus. Les délégués s'efforcèrent de dissiper leurs craintes et de vanter les bienfaits de la nouvelle constitution : ce fut peine perdue[3].

Pendant que ce dialogue s'échangeait dans la chapelle, une foule de personnes de tout sexe et de tout âge l'envahirent peu à peu, animées des plus mauvaises dispositions : « Les femmes avaient rempli leur tablier de pierres ; des hommes en avaient mis dans leur poche : une grande multitude remplissait les avenues. » Pour les contenir, 25 dragons et un gendarme commandés par le colonel Perrier et le major Beysser, dont les ordres étaient de n'user d'aucune voie de fait ; et quelques soldats sans armes, venus là par curiosité. La situation ne laissait pas d'être critique.

Sans en tenir compte, les commissaires offrirent aux municipaux de reprendre leurs fonctions, menaçant de la rigueur des lois ceux

[1] *L.* 801.
[2] *Idem.*
[3] *Idem.*

qui se permettraient à l'avenir de leur manquer de respect. Cette proposition agréait assez aux démissionnaires, qui se montrèrent même disposés à prêter serment, mais à la condition que le peuple en fît autant. Cette insolence déchaîna la tempête. Un paysan jura de mourir plutôt que de souffrir des municipaux assermentés ; un autre s'écria : mon corps est au roi, mon âme au pape ; un autre proposa de les garder tant qu'ils se conduiraient à leur gré, et de leur casser la tête dès qu'ils en seraient mécontents[1]. Ces déclarations excitaient de plus en plus les esprits, et il devint impossible de rétablir le calme.

S'étant aperçus que les femmes contribuaient fortement au désordre, les délégués cherchèrent à les expulser. Leur tentative fut vaine, il n'y avait pas de soldat armé dans l'intérieur. Ils ordonnèrent ensuite de mettre en arrestation un homme qui se faisait remarquer par ses menaces et ses propos impertinents ; mais, pendant que le major Beysser s'avançait pour le saisir, les paysans soulevèrent un grand tumulte et le firent sortir par une autre porte. Un d'eux, levant sur le major Beysser un bâton qu'il avait sous son habit, essaya de l'en frapper ; un caporal en détourna le coup. Devant ces démonstrations peu rassurantes, les délégués déclarèrent l'assemblée dissoute et revinrent à Auray pour rédiger le procès-verbal. Au moment de leur sortie de la chapelle « une troupe de femmes s'enfuit en désordre, elles s'enfermèrent dans le presbytère, poussant des cris et laissant tomber les pierres qu'elles avaient dans leur tablier[2]. »

Ces événements devaient produire sur le public une impression d'autant plus vive que, dans le même moment, le district se trouvait complètement désorganisé par la démission de 15 municipalités, « dont les membres privés de sacrements, dénoncés comme des impies, insultés et menacés », se voyaient dans la nécessité, pour sauver leur vie, de renoncer à leurs fonctions. Aussi, autant pour étouffer dans l'œuf l'insurrection prête à éclater de toutes parts, que pour sauvegarder les municipaux de Pluneret dans leurs per-

[1] *L.* 801.
[2] *Idem.*

sonnes et leurs propriétés, il fut donné ordre au général Canclaux, commandant les troupes de ligne dans le département, de faire partir le lendemain matin de Vannes 4o hommes du 21ᵉ régiment de cavalerie, « lesquels seront stationnés dans ledit village et y demeureront jusqu'à nouvel ordre[1]. »

Canclaux n'en put envoyer que 3o. Il n'osait dégarnir la ville de Vannes, à cause de la foire du lendemain et d'un mouvement que l'on y annonçait. La garnison d'Auray en fournit 20 autres. La troupe devait loger chez les plus riches habitants, à leurs frais : et des patrouilles circuler entre Pluneret et Auray pour assurer les relations entre les deux localités. Les commissaires retournèrent à Pluneret afin de veiller eux-mêmes à l'exécution de ces mesures.

Pendant qu'ils y étaient, le recteur se présenta devant eux, demandant grâce pour ses paroissiens. Ils ne pouvaient manquer une aussi belle occasion de lui faire la leçon : « On l'a sermonné, disaient-ils, tout en buvant son vin[2]. » Il fut convenu qu'il irait à Auray solliciter le pardon en faveur de ceux qui auraient recours à son intervention : « Ce pauvre recteur est venu vers deux heures, une nouvelle et forte réprimande a précédé le dîner où il a été invité, et après lequel il est allé trouver ses paroissiens, à la tête desquels revenu, il a été pour la troisième fois repris et blâmé[3]. » Le peuple demanda le retrait du détachement. Avant d'y faire droit, on répondit qu'il fallait une pétition en règle contenant des témoignages formels de soumission. La pétition fut rédigée le dimanche 8 mai, à l'issue de la messe paroissiale, et signée par le recteur et par 200 habitants environ. Les municipaux la portèrent à Auray, et aussitôt le directoire fit enlever les troupes et rétablir dans ses fonctions l'ancienne municipalité[4].

« Chaude journée », écrivaient les commissaires en parlant des événements qui précèdent. Seulement elle n'empêcha pas les ventes d'aller leur train puisque, à part deux ou trois domaines, il ne restait d'intact, vers le milieu de 1792, que le couvent et la chapelle. Qu'en adviendra-t-il de ces deux immeubles ?

[1] *L.* 8o1.
[2] *Idem.*
[3] *L.* 8oo.
[4] *Idem.*

III. — Démarches en faveur de la chapelle.

La question ne tarda pas à se poser, et le peuple essaya de la résoudre d'une manière qui atteste sa prévoyance non moins que sa piété.

On se rappelle le rôle joué par le recteur de Pluneret, dans l'émeute du 5 mai 1791. Au mois de mars précédent, mis en demeure de prêter serment[1], il s'y était refusé avec son vicaire, Pierre Rio, sans quitter cependant la paroisse. Les décrets proscripteurs de 1792 l'ayant réduit à l'alternative de se cacher ou de s'exiler, il choisit ce dernier parti, et le 9 septembre, il prit un passeport pour l'Espagne, en sorte que le peuple allait se trouver sans prêtres, sans culte, avec une église délabrée et menaçant ruines[2]. Les Carmes étaient encore à Sainte-Anne, et l'on pouvait espérer, malgré la difficulté des temps, que quelques-uns y resteraient toujours. Alors que fit le peuple? Il demanda, le 16, que le service paroissial y fût transféré[3].

Outre cette raison avouée, je soupçonne le peuple d'en avoir une autre secrète. On sait que les aliénations des biens dits nationaux étaient à l'ordre du jour, et que les ventes des couvents entraînaient d'ordinaire celles des chapelles qui en constituaient des dépendances. C'est ce qui eut lieu, en 1791, pour le Bondon, la Chartreuse d'Auray, les Capucins d'Hennebont ; en 1792, pour les Capucins de Vannes, l'abbaye de Lanvaux[4]... La chapelle de Sainte-Anne n'étant ni paroissiale, ni classée parmi les oratoires nationaux, n'y avait-il pas à craindre qu'elle ne subît le sort commun ; et, une fois tombée aux mains des acquéreurs, qu'elle ne fût fermée et peut-être abattue? Voilà le danger qu'il fallait éviter, et voilà vraisemblablement le mobile véritable qui dicta la démarche dont il est question.

Peu de jours après, survint un événement bien propre à décon-

---

1 *L.* 800.

2 *Idem.*

3 *Idem.*

4 *Arch. dép., domaines nationaux.*

certer les pétitionnaires. Les Carmes sur lesquels ils comptaient étaient partis à leur tour, et le couvent devint aussi vide de prêtres que le presbytère lui-même. Dès lors la raison principale invoquée en faveur du projet n'existait plus. Il fut néanmoins retenu par l'administration qui le trouvait, sous d'autres rapports, très avantageux.

Appelés à donner leur avis, les municipaux le firent aigrement, se montrant de nouveau, sur une question de haute importance, en désaccord complet avec leurs administrés. Ils prétendirent effectivement que le bourg paroissial était au centre, que la translation nuirait à la répartition de l'impôt, et que mieux valait réparer l'église et distraire du presbytère un appartement destiné aux réunions municipales[1].

L'exposé de ces motifs ne convainquit nullement le directoire du district d'Auray, qui sut les ramener à leur juste valeur. Dans sa séance du 13 janvier 1793, il fit ressortir l'impossibilité de restaurer l'église paroissiale qu'aucune dépense ne réussirait à mettre dans un état convenable ; la situation exotique du bourg, construit à l'extrémité de la commune et surtout du canton ; le manque de tout local décent pour les assemblées administratives ; le tort qu'on aurait d'affecter à ces réunions une partie du presbytère, parce qu'une pareille affectation écarterait le curé constitutionnel ou nuirait à la vente de ce beau domaine. Par contre, on voyait à Sainte-Anne des bâtiments tout prêts pour le logement du curé et pour toute assemblée municipale ou cantonale ; un bourg bien bâti, situé à peu de chose près au centre et peuplé d'habitants aisés ; des ressources abondantes « tant pour les vivres que pour la commodité et la sûreté des administrateurs et des administrés » ; une église d'une construction solide et bien entretenue, avec l'assurance d'y recueillir des aumônes considérables à l'intention des pauvres et l'espoir de la faire desservir un jour par un curé constitutionnel[2].

Malgré toutes ces considérations, la translation ne se fit pas, et Sainte-Anne resta comme devant un gros village, sans prérogatives

[1] *L.* 800.
[2] *Idem.*

officielles[1]. Cet échec ne modifia nullement les dispositions du directoire d'Auray, qui ne pouvait concevoir ni « la clôture de la chapelle ni son usage exclusif à l'acquéreur », surtout à raison des offrandes qu'on y faisait; et c'est peut-être pour les préserver plus aisément qu'au lieu de vendre le couvent, il se contenta de l'affermer.

IV. — Fermage du couvent.

Les bannies annoncèrent que, le 22 avril 1793, on procéderait à Auray, « au bail à ferme de la maison de Sainte-Anne, cours, jardins, prairies, bois au nord de la dite prairie et généralement tout ce qui compose l'enclos de la ci-devant communauté de Sainte-Anne[2]. » C'était pour le directoire le moment de se déclarer, s'il voulait s'assurer des oblations; il ne manqua pas à ce devoir, et il stipula expressément que le bail ne comprenait ni la chapelle, ni les sacristies, ni la première cour d'entrée, qui devaient rester à la disposition du public[3].

Les autres pièces furent mises en adjudication aux conditions suivantes : « L'adjudicataire prendra lesdits biens tels qu'ils se contiennent et comportent sans pouvoir prétendre aucun changement, réédification ou réparation; 2° il payera le prix de son bail chaque année et comme les termes échoiront, aux mains du préposé de la régie nationale à Auray; 3° l'imposition foncière sera à la charge de la nation, ainsi que les réparations locatives; 4° il entretiendra et remettra à sa sortie les dits biens tels qu'il les aura trouvés à son entrée; 5° il ne pourra prétendre aucune indemnité ou diminution du prix de son bail en aucun cas, même pour les cas fortuits; 6° il fournira caution... solvable dans la huitaine par acte authentique[4]. »

Pour que personne n'en ignoràt, tous ces articles furent lus à haute voix. Puis on demanda qui voulait y satisfaire et prendre

[1] La justice de paix s'y rendait cependant à la fin de la République.
[2] Q. 561.
[3] *Idem.*
[4] *Idem.*

pour cinq ans à ferme le domaine en question. Durant une première bougie allumée, le citoyen Jardin, hôte du Lion d'Or, en
offrit 500 livres, et le citoyen Philippe Kerarmel, 525. « Pendant la
durée d'une seconde bougie jusqu'à une sixième inclusivement,
les enchères ont été portées jusqu'à la somme de 850 livres ; une
septième bougie allumée, ledit citoyen Jardin l'a porté à 875 livres,
et ledit citoyen Philippe à 900 livres ; une huitième bougie aussi
allumée s'est éteinte sans qu'il ait été fait aucune autre enchère[1]. »

En conséquence le citoyen Philippe fut déclaré fermier de l'enclos de Sainte-Anne pour 5 ans, et « pour payer au 22 avril par an[2]. »

Le citoyen Philippe, dit Kerarmel, en affermant l'enclos de Sainte-
Anne, avait ses idées. Il avait déjà tenté la culture de la rhubarbe
à Port-Louis, et il voulait la naturaliser à Sainte-Anne, dont le terrain lui paraissait extrèmement favorable. Il se mit donc à l'œuvre
et il eut bientôt fait d'y établir une plantation de 20000 pieds. Il
n'avait d'autre but, à l'en croire, que de servir les intérêts de la République, qui tirait jusque-là cette racine de l'étranger[3].

Cependant la plante exigeait des soins particuliers, il fallait
qu'elle arrivàt à la quatrième année sans déplacement, pour être
récoltée à la cinquième. Au bout de trois ans, Kerarmel vit que le
succès répondrait à ses espérances, il était tellement ravi de son
essai qu'il sollicita de l'administration une attestation de la manière
heureuse dont il avait conduit son entreprise, « à l'effet d'obtenir
du gouvernerment tels encouragements dûs aux citoyens » bien
méritants. Pour lui, il s'en croyait un des meilleurs, comme
étant de ceux dont « l'industrie en rendant propres aux pays qu'ils
habitent les productions précieuses des climats les plus éloignés,
crée pour leurs concitoyens une nouvelle branche du commerce,
et pour la république une nouvelle source de richesses, en même
temps qu'y retient une somme considérable de numéraire qui s'ex-
portait annuellement pour aller chercher ces productions au fond
de l'Asie[4]. »

[1] *Q.* 561.
[2] *Idem.*
[3] *Idem.*
[4] *L.* 804.

Dans sa pétition, il se vantait de posséder, sur une étendue de cinq à six journaux de terre, de 35 à 4oooo plants. Avant de croire, l'administration voulut voir. Elle chargea une commission composée de quatre membres : Boullaye, administrateur, Blouet et Kerviler, pharmaciens, et Dalarun, entrepreneur des travaux publics, d'aller contrôler sur place les assertions de Kerarmel, et d'apprécier en outre « la nature et la qualité de cette plante, le plus ou moins de soins apportés à sa culture, pour du tout faire son rapport dans le plus court délai[1]. » 15 juin 1796.

D'après le rapport qu'on se hâta de rédiger, la totalité du terrain donnait seulement 91 cordes, valant chacune 24 pieds carrés ; en estimant à 18 pouces la distance commune des plants entr'eux, leur nombre ne devait pas dépasser 24000 ; quelques carrés du jardin étaient cultivés en rhubarbe et en haricots mêlés ensemble ; les plants semblaient être âgés de 1 à 4 ans, il n'y en avait point dans leur complète maturité et l'on en remarquait peu susceptibles d'être récoltés l'année suivante. La culture elle-même laissait à désirer, elle n'avait paru aussi soignée qu'elle pouvait l'être, et en général les plants étaient étouffés par les mauvaises herbes. Quant à la qualité de la rhubarbe, il était malaisé de l'apprécier, puisqu'elle n'était ni en grain ni en fleur. Les commissaires pensaient cependant que les plants, qui étaient en terre, étaient de la même espèce que deux morceaux de racine séchés, que Kerarmel leur avait mis sous les yeux. Or ces derniers étaient absolument semblables à la racine qui se cultivait en grand à Lorient et à Port-Louis, qui égalait pour la médecine celle de la Chine, et dont toutes les pharmacies du pays étaient pourvues[2].

De telles appréciations n'étaient rien moins que flatteuses, et le citoyen planteur ne dut pas être content. Au reste il jouait de malheur et était l'objet de plaintes incessantes.

Les plaintes concernaient principalement les dégradations qu'il avait commises ou qu'il était censé avoir commises « contre les différents bois plantés sur ledit local. . . au mépris de la loy et contre

[1] *L.* 804.
[2] *Idem.*

le vœu de sa ferme... » Celui qui les avait adressées au district
était le citoyen Alexandre, envoyé de la marine du port de Lorient pour rechercher dans le département des bois propres à la
construction. L'agent national à son tour s'en fit l'écho, le 5 février
1794, devant les mêmes administrateurs : « Une pareille voie de
fait, s'écriait-il, mérite l'animadversion des agents de la république ;
je croirais manquer au devoir de ma charge, si je ne réclamais vivement contre un abus si préjudiciable à la chose publique. En
conséquence, je requiers au nom de la république et de la loy
que ledit Philippe, dit Kerarmel, soit à l'instant ou de moment à
l'autre, mis en état d'arrestation, comme dévasteur des biens nationaux[1]. »

Devant une accusation aussi précise, le directoire arrêta que
Kerarmel « sera mandé pour être de suite interrogé sur la dénonciation prédite, et accompagné au district par deux fusiliers de la
garnison d'Auray à la tête desquels sera le républicain Allain,
garde national d'Auray[2]. »

Le lendemain 6, l'accusé comparut effectivement devant les administrateurs, et comme il se défendait d'avoir commis les dégâts
qu'on lui reprochait, trois commissaires se rendirent à Sainte-Anne
pour vérifier l'état des choses, examiner « s'il y a eu des arbres
abattus dans l'enclos, quel nombre il y a d'abattus, si c'est par
pourriture, force de vent qu'ils sont tombés... ; ils constateront les
dimensions exactes des uns et des autres, si ces émondages ont
nui à la pousse et à la vigueur des arbres[3]... »

Le 7 au matin, l'examen commença ; mais il ne tira pas à conséquence. Peu après, les dénonciations surgirent de nouveau, et
furent suivies d'une seconde descente sur les lieux[4]. Cette seconde
visite ne paraît pas avoir eu pour le fermier des résultats plus funestes que la première. En paix sur ce point, il ne tarda pas à être
malmené sur un autre.

On sait que, pour se procurer des denrées, les républicains se

1 *L.* 803.
2 *Idem.*
3 *Idem.*
4 *Idem.*

voyaient contraints de procéder par voie de réquisition. Or, il arriva
que, vers la fin de 1794, Kerarmel fut taxé dans le contingent de la
commune, à cent quintaux de foin. Cette quantité lui parut si
exorbitante qu'il refusa de la livrer. Le 6 décembre, l'agent national
lui prescrivit de s'exécuter sans retard, sous peine d'encourir les
peines légales : « Je serais fâché, ajoutait-il, de t'y contraindre par
des voies de rigueur qui répugneraient à mon cœur]. » Ce langage
sensible triompha sans doute de toutes les résistances.

Deux ans après, ce fut à recommencer. Dans le dernier contingent
de 1796, sur deux mille de foin, on l'avait taxé au quart. Pourquoi
ne pas en faire la répartition au marc la livre sur tous les cultivateurs ? Voilà la vraie égalité dont personne ne songerait à se plaindre.
Dans le dessein de l'obtenir, il adressa de vives observations à l'administration départementale, qui les renvoya au district pour avoir
son avis. Or cet avis fut tout opposé à celui qu'aurait désiré le péti-
tionnaire. Le directoire déclarait que dans toutes les occasions le
plaignant s'était montré aussi récalcitrant ; que depuis la guerre
actuelle, le district d'Auray avait été frappé de réquisitions si mul-
tipliées et si excessives, que chacun devait nécessairement s'en res-
sentir ; qu'au surplus il fallait prendre chaque espèce de denrée là
où elle se trouvait. Comme conclusion, le directoire invitait « l'administration centrale à rejeter la pétition et à ordonner qu'il ac-
quittera de suite en numéraires ou mandats cours, la somme de
47 l., montant des frais occasionnés par sa récalcitration[2]. » 15
décembre.

On voit la différence de style. Tout à l'heure *il répugnait au cœur*
de prendre à son sujet des mesures rigoureuses ; maintenant on le
traite sans ménagement. Pourquoi ce changement? C'est qu'à cette
dernière date il était au plus mal avec les administrateurs, qui venaient de l'évincer de la propriété du couvent qu'il avait acheté.

1 *L.* 818.

  L. 804.

SAINTE-ANNE (400)

V. — Vente du couvent.

Si de fermier Kerarmel était devenu propriétaire, c'était dans le but de parer à l'éventualité d'une expulsion, qu'il redoutait pardessus tout. Son bail durait depuis un an à peine qu'il eut de quoi trembler : « Il vient d'apprendre qu'un citoyen se propose d'acquérir l'objet de sa ferme, il est instruit que la qualité d'acquéreur lui donne le droit incontestable de l'expulser de sa ferme, moyennant l'indemnité réglée » par les décrets[1]. Cette nouvelle lui fit pousser de hauts cris, le 6 juin 1794 : « Un républicain, père de famille, convaincu de l'esprit de justice qui vous anime, vient avec confiance vous exposer sa situation embarrassante et même ruineuse où il peut se trouver d'un moment à l'autre[2]... » Sa personne n'était pas seulement intéressée en cette affaire, le pays y était aussi : « Veuillez bien vous pénétrer du dommage public et particulier qui résulterait d'un résiliement forcé. Quant à lui, ce serait la ruine entière de sa famille. Respectivement à l'intérêt général, ce serait une perte irréparable. Comment tirer party de ces racines prétieuses qui ne sont encore qu'à la deuxième végétation[3] ? » Il suppliait donc en cas de vente d'introduire dans le contrat une clause qui lui permît d'achever son bail.

Cette supplique toucha-t-elle les administrateurs ? Peut-être. Toujours est-il que, pendant deux ans, les choses restèrent en l'état. Enfin, le 23 juin 1796, une proposition d'achat fut faite par Mathurin Isaac Rialan, homme de loi, à Vannes. Le procès-verbal d'estimation, en date du 4 juillet, montait à 51696 livres 20 sols et comprenait les maisons, les jardins, l'enclos, avec la vénérée chapelle et ses dépendances[4]. En ce dernier point toutefois on s'empressa d'apporter une importante restriction.

Dès le lendemain, l'administration centrale fit venir l'acquéreur en séance, lui expliqua que l'acte qu'il avait souscrit ne lui donnait au-

[1] Q. 561.
[2] *Idem.*
[3] *Idem.*
Domaines nationaux.

cun droit aux oblations, et de son consentement formel, elle arrêta
« que les aumônes qui pourraient être déposées dans les dépendances desdits bâtiments ne pourront en aucun cas lui appartenir :
elles suivront leur destination naturelle[1] ». Cette condition fut de
nouveau stipulée, le 13, lors de la cession définitive : « Nous avons
par ces présentes vendu et délaissé dès maintenant et pour toujours
les domaines nationaux dont la désignation suit, un couvent et
enclos, une petite église en forme de croix... » mais, « il est convenu que l'arrêté du département du 5, pris en présence de Rialan,
sera exécuté suivant sa forme et teneur. En conséquence ledit
acquéreur ne pourra rien réclamer, prétendre, ni même rien recevoir
directement ou indirectement desdites aumônes, sous quelque
dénomination que ce soit, soit pour réparation, location, entretien...
Cette clause est d'expresse rigueur, et sans son apposition, la présente vente n'aurait pas lieu[2]. »

Cela veut dire que les administrateurs retenaient d'une main ce
qu'ils concédaient de l'autre, ou du moins qu'en aliénant le
domaine direct de la chapelle, ils en exceptaient la jouissance ;
mais il en alla autrement du couvent et de l'enclos, dont la vente
était sans réserve, et l'on conçoit que le citoyen Kerarmel se mon-
trât affecté de ce changement. Fit-il entendre de nouvelles plaintes
au sujet de sa rhubarbe compromise ? Parvint-il à dégoûter Rialan
de son acquisition ? ou plutôt ce dernier fut-il impuissant à verser
la moitié du prix dans le décade conformément à la loi ? On l'ignore.
Toujours est-il que Rialan ne resta que quelques jours en possession
de Sainte-Anne, et que dès le 22 du même mois, nous le voyons
supplanté par Kerarmel[3]. Celui-ci d'ailleurs faisait cette acquisition
aux mêmes conditions que son prédécesseur, et on prit soin de
l'avertir qu'il n'avait aucun droit sur les « aumônes et offrandes qui
pourraient être versées dans les dépendances de la dite maison[4]... »

Malgré cette clause, le nouvel acquéreur se prétendait légitime
propriétaire de la chapelle, et libre par conséquent d'en disposer à

[1] *L.* 111.
[2] *Arch. dép. reg.*
[3] *L.* 804.
[4] *Idem.*

son gré. Aussi, pour payer les termes du dernier quart exigé en numéraire par la loi du 7 thermidor an 4, (25 juillet 1796), se préparait-il à la vendre avec la sacristie, le cloître et la grande cour qui y étaient contigus[1]. Le temps lui manqua de réaliser son projet.

A peine fut il le maître de Sainte-Anne que sa conduite suscita de vives observations : « Chaque jour, écrivait le district, on nous porte des réclamations contre ses prétentions qui paraissent fort étendues[2] ». Le 15 novembre, la citoyenne Jardin prévenait qu'il avait commencé à émonder des arbres situés sur le terrain acquis par son père : « Nous avons conseillé à la citoyenne Jardin de se pourvoir en justice[3] » ; et comme l'acquéreur revendiquait également la propriété des arbres plantés au bord du chemin qui servait d'avenue, le directoire ajoutait : « Nous ne pensons pas qu'il y ait le moindre droit, parce que nous ne pensons pas qu'on ait pu lui vendre un chemin public[4]. »

Toutes ces plaintes furent fatales à Kerarmel. Laissant de côté les questions de détail, l'administration prit à son égard, le 23 novembre, une mesure décisive ; elle le déclara déchu de son acquisition, « faute d'avoir payé le premier 6e du dernier quart », suivant la loi du 31 juillet 1796. Cette déchéance lui fut annoncée trois jours après[5]. On lui fit savoir en même temps que deux experts se rendraient chez lui, le 30, pour vérifier les dégradations dont on l'accusait. Il aurait en conséquence à ne pas s'absenter ce jour, car l'inspection devait se faire en sa présence et contradictoirement avec lui. Kerarmel demanda un délai, attendu qu'il était malade, et la visite fut ajournée au 8 décembre. Il ne jugea pas à propos d'y assister, prévoyant peut-être qu'elle tournerait à son désavantage[6]. Il avait d'ailleurs cherché pour sa défense un meilleur terrain.

Dans l'espoir que sa plantation lui fournirait un appui en haut lieu, il s'était adressé au ministre de l'intérieur et l'avait prié d'intervenir auprès de son collègue des finances, pour qu'il fût sursis à

[1] *Arch. de Sainte-Anne.*
[2] *L. 812.*
[3] *Idem.*
[4] *Idem.*
[5] *Idem.*
[6] *Idem.*

la déchéance prononcée contre lui. Cette démarche eut un plein succès, dont il fut informé, quelques jours après l'inspection que nous avons signalée, par le citoyen Dubois, chef de division au ministère de l'intérieur. Cette bonne nouvelle, il se hâta naturellement de la communiquer au district, et il aurait pu obtenir gain de cause sans le rapport qu'il avait lui-même provoqué sur la valeur de sa rhubarbe. Ce rapport se trouvait encore aux mains du directoire d'Auray, qui l'expédia à Vannes pour être transmis aux Ministres de l'intérieur et des finances, en l'accompagnant de ces désobligeantes remarques : « Il vous donnera une idée de cette grande entreprise. Ce qui est bien plus certain que les précieux avantages de cette rhubarbe, c'est que depuis que le citoyen Philippe est fermier de l'enclos de Sainte-Anne, si bien cultivé, si bien entretenu par les anciens possesseurs, il n'est plus reconnaissable et que chaque jour il réalise ce proverbe du pays : Souviens-toi, lande, que tu es lande et que tu retourneras en lande[1]. »

L'affaire traîna un peu en longueur, et si Kerarmel se laissa persuader que les influences qu'il avait mises en jeu, le tireraient d'embarras, il se trompait. Une lettre du 8 février 1797 lui apprit que le Ministre de l'intérieur s'était déterminé « à laisser un libre cours à la loi et à cesser ses sollicitations. » En lui communiquant cet avis, le directoire d'Auray ajoutait : « En conséquence ce domaine rentre dans la régie du receveur de l'enregistrement et nous le prévenons de s'en ressaisir. Nous vous prévenons de même de cesser les actes de propriété que vous vous êtes permis jusqu'ici, et que le receveur de l'enregistrement est chargé de poursuivre tels dédommagements dûs à la République pour les dégâts constatés par les procès-verbaux[2]. »

Cette mésaventure ne pouvait avoir rien d'agréable pour Kerarmel ; mais on est presque tenté de dire qu'il la méritait. Nous avons cité l'arrêté du directoire qui réservait formellement les oblations. Or, ne s'avisait-il pas d'y prétendre sous prétexte « qu'il les destinait au soulagement des pauvres et aux réparations des bâti-

----

[1] *L.* 812.
[2] *Idem.*

ments qui tombaient en ruines? » Ce qui parait plus vraisemblable, c'est qu'il escomptait les bénéfices de la chapelle pour réparer la brèche faite à sa fortune. Le dépit de se voir exproprié n'en était que plus vif. On s'abusait d'ailleurs si on le croyait homme à céder sans combat. Le 3 juillet 1797, en séance municipale, il annonça l'intention de « se pourvoir envers qui de droit, pour qu'à l'instar de plusieurs milliers d'acquéreurs de domaines nationaux et d'églises et de chapelles, il puisse comme eux sous la garantie sacrée des lois jouir et gérer paisiblement son bien[1] ».

Ce dessin eut l'approbation des municipaux qui aimaient à décerner à Kerarmel des témoignages de confiance capables de lui rendre les bonnes grâces du département. D'abord ils l'avaient nommé commissaire provisoire du canton, avec la persuasion que ce poste lui serait conservé. Lorsque le 9 mai 1797, il fut remplacé par Ange-Marie Guillon, ils le choisirent pour agent de Pluneret, et malgré le refus du département de ratifier cette nomination, ils la maintinrent jusqu'à ce que leur protégé fut appelé, le 2 février 1798, à la justice de paix[2]. Le commissaire Guillon déclara de son côté, le 24 octobre 1797, que les dénonciations portées contre lui n'avaient aucun foudement, et qu'on ne saurait trop le remercier d'avoir sauvé les immeubles en question : « On cherchait par toutes sortes de moyens de le dégoûter de sa ferme, et ensuite de son acquet, parce que sa surveillance gênait les fanatiques qui eussent voulu s'emparer et de la chapelle et du couvent. Il a tenu ferme et sa constance doit luy mériter près des vrais républicains[3]. » Un procès-verbal d'inspection du 3 novembre suivant semblait confirmer les dires du commissaire. Des dégâts avaient été commis, à plusieurs reprises ; les portes brisées à coups de hache et de massue, les vitres cassées, les serrures et les ferrailles, les balcons et les grillages enlevés ; mais ces actes de vandalisme, c'est à des citoyens d'Auray qu'il fallait les attribuer ; pour Kerarmel qui s'était permis des remontrances à ce sujet, on le menaça de la guillotine[4].

[1] Registre des délibérations de Pluneret (*Arch. de Sainte-Anne*).
[2] *Idem*.
[3] *Arch. de Pluneret*.
[4] *Arch. de Sainte-Ann*.

Toutes ces déclarations ne lui rendirent pas le domaine de Sainte-Anne qui passa, le 11 mars 1798, aux mains d'un autre propriétaire : « Il a été allumé un quatrième feu, lequel s'étant éteint, sans qu'il ait été fait aucune enchère, » on l'adjugea à Louis Chedeville, demeurant à Lorient, lequel représentait Catherine-Marie Debrion, épouse non commune en biens d'Henri-Louis Guernoval d'Esquelbec, et Jean-Marie-Noël Debrion, tous habitant Paris. La mise à prix avait été de 39.971 fr., et la vente de 300.000. Celle-ci eut lieu dans les conditions ordinaires, c'est-à-dire qu'elle comprenait « l'enclos des ci-devant Carmes, consistant en maisons, cour, église, jardin, verger, prairies », avec défense de toucher aux oblations[1].

Au milieu de ses déboires, Kerarmel éprouva cependant une consolation. On sait que la loi du 26 août 1797 permettait de réduire les contrats de ferme passés durant la Révolution au taux de ceux qui existaient en 1790. Le fermier de Sainte-Anne, qui restait dans les dettes du gouvernement, réclama une expertise dont les résultats lui furent favorables. La réduction fut si forte que son bail de 900 fr. descendit à 404 ; et son arriéré de 2313 fr. 23, à 975 fr. 15. Telle fut la décision de l'administration centrale du Morbihan, en date du 15 janvier 1799[2].

Cette décision arrivait à propos. Kerarmel avait commencé une seconde exploitation de sa plante favorite, et il avait besoin de toutes ses ressources pour la mener à bien. Par malheur rien ne lui réussissait à Sainte-Anne. Le moment étant venu de transporter à Paris sa nouvelle récolte, « seul reste des débris de sa fortune[3] », il lui fut impossible de faire face aux frais du voyage. Dans sa détresse, il sollicita une somme de 1400 fr. montant de la ferme de la chapelle, à raison de 200 fr. par an, depuis le 13 juillet 1796 au 14 juillet 1803, et il pria Mgr de Pancemont d'appuyer sa démarche. En écrivant à ce dernier, il eut soin de protester qu'il était « le premier et vrai propriétaire », que « la revente a été peu légale », que « l'ombre de la justice n'avait pas été observée à son égard », tout en ajoutant d'ailleurs : « puisque ce domaine ne peut m'appartenir,

---

1 *Arch. dép.*, Reg. 43.
2 *Arch. dép.*, Q, 561.
3 *rch. de l'évêché.*

je me félicite que vous en soyez le possesseur plutôt que nul autre. »
(31 juillet). Ces plaintes manquaient de base ; il avait effectivement
affermé l'enclos et le couvent, mais non la chapelle qu'une clause
expresse réservait au public, dans le contrat du 22 avril 1793. C'est
ce que lui fit entendre l'évêque, qui refusa dès lors d'intervenir en
sa faveur[1].

La correspondance de Kerarmel témoigne que l'évêque avait des
vues sur Sainte-Anne. Comment furent-elles réalisées au mieux des
intérêts diocésains, on le verra dans la seconde partie. Pour le moment nous allons retourner en arrière, et montrer que le pèlerinage,
si florissant avant la Révolution, n'avait cessé de l'être pendant
presque toute la durée de ces tristes jours.

[1] *Arch. de l'évêché.*

DEUXIÈME PARTIE

PÈLERINAGE

—

I

Protestation contre le serment.

I. — Assemblée de pétitionnaires

Que le pèlerinage continuât d'attirer les foules au début de la Révolution, on le conçoit sans peine. A aucune époque les raisons de l'accomplir ne furent aussi pressantes qu'à la fin de 1790 et dans les premiers mois de 1791.

Mis en demeure de faire acte d'adhésion à une constitution schismatique, la plupart des prêtres s'y refusaient avec courage, et les municipalités les appuyaient de leur mieux en renvoyant, sans vouloir les publier, les décrets relatifs au serment. Cette vive opposition frappa Boullé, procureur-syndic du district d'Auray, qui prévoyait que des jours de trouble et de confusion se lèveraient bientôt sur le pays[1]. Son angoisse augmenta lorsqu'il vit ses prévisions se réaliser aux portes mêmes de la ville, dont il était un des principaux personnages officiels : « On vient de m'avertir, écrivait-il le 4 février, qu'il se fait demain une assemblée de 15 à 20 paroisses à Sainte-Anne, et qu'après avoir délibéré sur la position des affaires, on se propose de venir dissoudre le district[2]. »

[1] *L*. 767. -
[2] *Id.*

L'avis donné au procureur n'était pas dénué de fondement. Le lendemain samedi, on vit à Sainte-Anne un « bon nombre de citoyens de six cantons », qui représentaient effectivement une vingtaine de paroisses. Qui les avait convoqués ? Personne ne le savait. La convocation s'était faite dans le plus grand secret, et l'administration n'avait pas réussi à en découvrir les auteurs. Ceux-ci avaient intérêt à cacher leur plan. Les protestations particulières n'ayant abouti à rien, ils avaient résolu de lancer une protestation générale dans l'espoir qu'avec un plus grand retentissement elle aurait un meilleur succès. Pour l'assurer davantage, ils vinrent se jeter aux pieds de la Patronne, implorer ses lumières et mettre sous sa protection la démarche qu'ils allaient tenter. Pendant qu'ils priaient et qu'ils délibéraient, il se passa un incident qui marquait bien l'intention dont ils étaient animés.

Armel Guyot, chirurgien à Sainte-Anne et l'un des administrateurs du district, se trouvait en ce moment dans sa famille. La plus vulgaire prudence lui conseillait une absence de quelques jours. Il préféra rester, pour voir de ses propres yeux ; mais sa curiosité lui coûta cher. On l'entreprit vigoureusement, et on l'accusa d'être « l'auteur des décrets envoyés aux municipalités par le district[1]. » Il fut si peu ménagé qu'il se démit aussitôt de ses fonctions d'administrateur. Après les événements d'hier, écrivait-il au directoire, « je ne puis plus occuper cette place que la confiance publique m'avait donnée[2]. »

Les mauvais traitements subis par Guyot avaient eu lieu le dimanche[3]. Les pétitionnaires avaient passé toute cette journée à Sainte-Anne ; et c'est seulement le lundi matin qu'au nombre de deux ou trois cents, ils se mirent en route pour Auray[4].

II. — Les pétitionnaires devant le Directoire d'Auray

Les administrateurs du district d'Auray n'étaient pas sans inquiétude. « La visite avait été annoncée comme devant être critique, et

[1] *L.* 800.
[2] *Id.*
[3] *Id.*
[4] *Id.*

les avait forcés à prendre quelques précautions, mais sans affecta-tion[1]. » Ils avaient raison de se tenir sur leurs gardes. La garni-son comptait cent soldats à peine[2], et la ville n'était pas des plus favorables au nouveau régime. Dès lors, s'il avait pris envie aux pétitionnaires de recourir à la violence et d'exécuter les projets audacieux qu'on leur prêtait, on ne voit pas quel obstacle aurait pu les arrêter ; mais il y a lieu de croire qu'ils n'y avaient pas sérieusement songé, et leur démonstration se fit avec calme : « Ils ont eu l'at-tention de ne laisser monter à notre salle d'assemblée que huit députés qui se sont comportés avec toute l'honnêteté et la discrétion désirable[3]. »

Les députés présentèrent une pétition dont voici les trois points principaux : suppression ou plutôt modification du régime relatif au domaine congéable ; cessation de la persécution dirigée contre les prêtres pour refus de serment ; abolition des assignats. Le deu-xième point surtout leur était à cœur. Ils n'entendaient pas que leurs prêtres fussent inquiétés : « Ils voulaient les garder et les protéger et continuer de payer la dîme[4], » afin de pourvoir à leur entretien.

Tels étaient les vœux dont ils souhaitaient ardemment la réalisa-tion. Cependant ils comprenaient que les administrateurs n'y pou-vaient rien, n'étant que de simples agents au service de la légalité, et que c'est au pouvoir législatif surtout qu'il importait de s'adresser. Aussi demandèrent-ils qu'on fît passer sur-le-champ à l'Assemblée nationale la pièce dont il s'agit. Le Directoire l'examina de près, et n'y voyant aucune signature, il leur fit remarquer que faute de cette formalité, elle perdait toute valeur et « n'était pas présentable nulle part[5]. » Sur cette observation, ils reprirent la pétition en disant qu'ils allaient nommer des commissaires par canton pour la signer, et que dans quelques jours ils « la porteraient en forme[6]. » En

[1] *L.* 808.
[2] *L.* 747.
[3] *L.* 808.
[4] *Id.*
[5] *Id.*
[6] *Id.*

attendant ils se dirigèrent vers Vannes, pour en présenter un double un peu modifié au directoire du département.

III. — Les pétitionnaires devant le Directoire départemental

Pour aller à Vannes, il est probable qu'ils revinrent sur leurs pas et repassèrent par Sainte-Anne. Cela ne les détournait pas beaucoup de leur but, et derrière l'enclos il y avait une voie romaine qui les y conduisait directement. Ils s'arrêtèrent au Bondon. Plusieurs écoliers et habitants de la ville s'y étaient déjà réunis ou vinrent les y rejoindre. La réunion prenait de la sorte une grande importance, et, pour qu'on n'affectât pas d'ignorer la gravité de la situation, elle rédigea trois adresses où elle énumérait ses doléances et chargea un certain nombre de ses membres de les porter à l'hôtel du département. Voici une des adresses, elle est au nom des habitants de Saint-Avé, Meucon, Plescop, Plœren, Baden, Arradon, Séné, Plumergat Plougoumelen, Saint-Goustan et Saint-Gildas d'Auray, Locmariaquer, Crach, Plœmel, Pluvigner, l'Ile-d'Ars, l'Ile-aux-Moines, Saint-Patern, Saint-Salomon, le Collège et le Séminaire, c'est-à-dire des 20 paroisses dont nous avons parlé :

« Gardiens nés de la religion catholique, apostolique et romaine que nous jurons de maintenir et d'observer jusqu'au dernier soupir, considérant que le serment exigé de notre vénérable prélat et de son clergé est une atteinte évidemment portée contre les principes incontestables de la foi et de la discipline ecclésiastique qui ne saurait être réformée légalement par la puissance temporelle, sans considérer si cette dernière est bien ou mal constituée ; instruits par la lecture des décrets que le refus de prestation de serment de la part de notre évêque et de son clergé les prive d'un traitement sur lequel les peuples n'ont pas prononcé, en ordonnant leur remplacement par des sujets qui ne peuvent plus avoir la confiance publique qu'en se rétractant ; que les mêmes décrets détournent les dixmes et autres biens ecclésiastiques donnés par les peuples et ravis sans leur consentement à leur première destination, d'après une vente décrétée et revêtue d'une sanction arrachée au souverain qui n'est pas libre ; considérant enfin que l'expulsion des chanoines, la vente des biens ecclésiastiques, la suppression de certains évêchés, l'établissement de nouveaux, la refonte générale des paroisses ne furent jamais exprimés par les cahiers de la nation.

« Nous soussignés déclarons qu'indépendamment des décrets de l'Assemblée nationale, nous reconnaissons et reconnaîtrons toute notre vie pour nous et nos enfants l'autorité du pape sur tous les chrétiens, que nous resterons constamment attachés à la chaire de Saint-Pierre, que nos vœux ne seront remplis qu'autant que l'Assemblée nationale se rétractera ou regardera comme non avenus tous les décrets émanés de son sein contre les principes établis par la présente déclaration, en rendant au clergé ses biens, la tranquillité aux prélats et aux ecclésiastiques, la foi aux chrétiens qui sont sur le point de la perdre en insinuant le venin contenu dans les écrits qui se répandent dans le peuple et qui tendent à nous enlever ce que nous avons de plus cher, la religion de nos pères[1]. »

L'assemblée du Bondon eut de graves conséquences, qu'il ne nous appartient pas d'exposer ici. Bornons-nous à faire observer que l'adresse ci-dessus reproduite est pleine de foi, et que sainte Anne avait bien inspiré ses enfants.

II

Hostilité des patriotes.

I. — DÉMARCHES DU CLUB DE VANNES.

Depuis ce premier mouvement, le club des *Amis de la Constitution* de Vannes tenait en suspicion les assemblées de Sainte-Anne. Il les regardait comme un danger pour la tranquillité publique, et il ne dépendait pas de lui qu'elles ne fussent l'objet de sévères mesures. C'est ainsi que, dans sa séance du 28 avril, il arrêta d'y faire exercer une active surveillance.

Cette démonstration n'ayant produit aucun effet, il fit bientôt un nouveau pas en avant; le 7 septembre, il décida l'expulsion des Carmes. C'était, au point de vue humain, frapper juste. On savait que les Carmes, sans avoir fondé le pèlerinage, en étaient les

[1] *L.* 237.

gardiens-nés et contribuaient de toutes leurs forces à le rendre florissant. Le moyen d'en finir peu à peu avec cette affluence que leur zèle attirait, n'était-ce pas de les chasser ? D'ailleurs les vastes bâtiments occupés par eux trouveraient un emploi facile. On pourrait y établir une école de vétérinaires, qui rendrait de grands services. Quant à la chapelle. elle rentrerait dans le droit commun, en devenant une simple dépendance de la paroisse de Pluneret[1].

Malgré l'influence exercée par les clubistes, leurs conseils ne furent point suivis. Non seulement le directoire départemental s'opposa à l'expulsion sollicitée, il poussa même la tolérance jusqu'à laisser aux pèlerins pleine et entière liberté. Tout ce qu'il fit, dans dans le courant de 1792, fut d'interdire les pèlerinages publics ou paroissiaux. C'est du moins la décision qu'il prit, le 12 mai, à l'égard de Saint-Avé, dont les habitants voulaient se rendre processionnellement à Sainte-Anne. Défense leur fut faite de donner suite à ce projet, « à peine d'être poursuivis comme autheurs d'assemblées illicites[2]. » La raison en était que « les processions qui ne sont point commandées par la religion, occasionnent des rassemblements contraires aux lois de bonne police, détournent les citoyens de leurs occupations et sont souvent une source de désordres[3]. »

II. — Pétition du club de Lorient

Le club de Lorient, qui avait fondé celui de Vannes, accourut à sa défense. Les patriotes de Lorient, en qualité *d'hommes libres*, se donnaient la mission de « déjouer les trames des séditieux et des fanatiques, » qui tendaient à « replonger les peuples dans les fers honteux de l'esclavage. » Parmi ces menées, il en était une qu'on ne pouvait tolérer plus longtemps : les rassemblements de Sainte-Anne. Pourquoi ne pas les proscrire ? Que si cette interdiction paraissait trop radicale, il fallait du moins y envoyer des troupes et transplanter les Carmes au Port-Louis ou ailleurs : « Sainte-Anne ne sera pas fêtée par 5 ou 6 milles âmes, mais l'ordre ne sera

[1] *Arch de Vannes.*
[2] *L. 75.*
[3] *Id.*

pas troublé[1]. » En face du danger « de la patrie qu'ils disaient menacée de toutes parts[2] », voilà l'idée que les Lorientais soumirent, le 2 juin 1792, au directoire départemental.

Cette intervention fit sans doute réfléchir le département ; mais il n'eut garde de trancher une pareille question à la légère, et il s'adressa au directoire du district d'Auray pour avoir son avis. Celui-ci traita de haut les auteurs de la pétition, il leur signifia qu'ils se mêlaient d'une chose qui ne les regardait pas et qu'en somme ils n'étaient rien, qu'effectivement « les signatures opposées luy sont aussy inconnues que les signataires qui peuvent même n'être pas des citoyens actifs, et qu'elle ne mérite conséquemment pas plus de foy ni d'égards qu'une pièce parfaitement anonyme, toujours suspecte quand elle tend à répandre la méfiance et l'alarme sur un territoire soumis à la surveillance de ses administrateurs particuliers[3] ».

Alors même que les signataires seraient des citoyens de premier ordre, y avait-il lieu de tenir compte de leur démarche ? Le directoire ne le pensait pas. Si les Carmes étaient à Sainte-Anne, les autorités leur avaient fourni cet asile ; depuis qu'ils l'occupaient, leur conduite paisible n'avait mérité aucun reproche ; dès lors leur expulsion ne pouvait que produire un très mauvais effet, « en ce qu'aux yeux des gens simples ce serait donner des couleurs de vérités aux insinuations perfides des ennemis de la constitution, qui, pour la faire détester, ne cessent de leur prêcher qu'elle a perdu la religion, en leur alléguant les preuves des prétendues persécutions de ses ministres[4] ».

Ces paroles sont du 3 juillet, et elles montrent qu'à cette époque le directoire ne se croyait pas encore persécuteur. Les prêtres fidèles, il est vrai, se voyaient mis au banc de la société ; mais ce n'était pas un si grand mal. Le grand mal, c'eût été de chasser de Sainte-Anne les moines qui l'habitaient, et de détruire le pèlerinage qu'ils desservaient. Les administrateurs n'étaient pas assez dépourvus de sens

[1] M. Nicol, *Histoire de Sainte-Anne*.
[2] L. 801.
[3] *Id.*
[4] *Id.*

pour se permettre une pareille mesure : « Elle nuirait nécessairement à la vente des biens nationaux dans cette partie, et porterait la désolation et le trouble dans les campagnes du ressort dont les habitants tranquilles sont en ce moment occupés de l'assiette de leur contribution[1]... »

Le souci de l'ordre et de la légalité empêchait donc le directoire d'appuyer la démarche des *Amis de la Constitution* ; le même souci l'obligeait de réquérir, pour les prochaines fêtes, les brigades voisines de la gendarmerie nationale ainsi que cela s'était toujours pratiqué et que la loi l'exigeait[2]. Cette déclaration lui paraissait de nature à rassurer les clubistes ; mais si ceux-ci l'estimaient suffisante, c'est qu'ils avaient le contentement facile. En réalité leur échec était complet.

III. — INSISTANCE DES PATRIOTES D'HENNEBONT

La démarche des patriotes de Lorient et l'échec qui l'avait suivie durent parvenir de bonne heure aux oreilles de leurs voisins d'Hennebont. C'est du moins, le 8 du même mois, que les « citoyens libres » de cette ville, au nombre de plus de quatre-vingts, se mirent de la partie à leur tour. Pour eux aussi la présence des Carmes à Sainte-Anne constituait une anomalie ; l'opinion réclamait leur départ, qui permettrait en outre de faire de leur maison « le chef-lieu de la paroisse qui l'avoisine[3]. » Bien que cette translation parût assez naturelle, il est à croire que les pétitionnaires n'y tenaient pas beaucoup. Ce qu'ils poursuivaient principalement, c'était la suppression de la communauté, et ils s'étonnaient que le directoire départemental, habitué à des actes de vigueur, se retînt en pareil cas : « Il serait instant, écrivaient-ils, de frapper un coup d'autorité semblable à ceux que vous avez déjà portés[4]. »

L'hésitation était d'autant moins excusable que les magistrats du peuple avaient pour devoir « de prévenir les crimes et les ruses du fanatisme et de découvrir les pièges des méchants, qui se couvrent

[1] *L.* 801.
[2] *Id.*
[3] *L.* 237.
[4] *Id.*

du voile d'une religion sainte pour en venir à effectuer leur coupables projets[1]. » Or le moment approchait où le fanatisme allait se montrer dans tout son éclat. Les fêtes du 26 avaient lieu d'ordinaire au milieu « d'un concours prodigieux de tous sexes et de tous états » du Morbihan et des départements circonvoisins. Convenait-il qu'elles fussent présidées par des « moines non-conformistes ? » Ce n'était pas l'avis des « citoyens libres » d'Hennebont. En conséquence ils priaient le département « de vouloir bien prendre dans sa sagesse tous les moyens nécessaires pour que le service divin, pendant ces jours de fêtes, fût célébré par des prêtres assermentés[2]».

Voilà le but réel de leur pétition. Plus avisés que les clubistes de Lorient et de Vannes, ils ne témoignaient aucune hostilité envers le pèlerinage, ils voulaient simplement le confisquer au profit du clergé constitutionnel. Seulement les raisons qu'ils invoquaient n'avaient aucune valeur. Ils prétendaient « qu'attendu la disposition critique des esprits et la différence des opinions religieuses, »[3] des luttes et des scènes scandaleuses étaient à redouter. Ils ne réfléchissaient pas que le plus sûr moyen de les provoquer, consistait à suivre le conseil qu'ils proposaient. Grâce à la violence et à l'appui des gendarmes, l'église constitutionnelle avait pris pied dans le Morbihan ; mais ses partisans formaient une infime minorité, eu égard au nombre des vrais fidèles. Et qu'elle eût été l'attitude de ces derniers en présence de la situation donnée ? Les *citoyens libres* ne doutaient pas qu'elle ne fût pacifique. Le département avait des raisons de penser le contraire, et il se garda bien d'accorder le moindre encouragement à des propositions aussi insensées.

IV. — Prudence des Carmes.

Les religieux avaient eu vent des diverses tentatives faites par les clubs, et ils avaient tremblé : « Nous avons craint, écrivait le supérieur le 15 juillet, à la vue des orages successifs que de certaines associations non constituées ont formés sur nos têtes[4]. » Ces orages

[1] *L.* 237.
[2] *Id.*
[3] *Id.*
[4] *Id.*

pouvaient surgir de nouveau, et il s'agissait à tout prix de les conjurer. A force de se creuser la tête, l'économe eut une idée lumineuse qu'il communiqua, dès le 5, au procureur-syndic d'Auray : « Pour éviter une assemblée nombreuse, j'ai l'idée de faire écrire le supérieur à messieurs les curés du voisinage, pour les prier d'engager leurs paroissiens à ne pas venir à Sainte-Anne, le jour de la fête ni les jours précédens, de supprimer même la procession, le seul moment où il y ait foule. Dites-moi, s'il vous plaît, ce que vous pensez sur cet article. »[1]

Le procureur-syndic, qui était alors Barré-Manéguen, ne pouvait qu'applaudir à un semblable dessein. Dans sa lettre d'avis au procureur général du département, il s'écriait : « Ce parti me semble prudent et judicieux dans les circonstances actuelles.[2] » Et il partait de là pour faire de Frollo-Kerlivian un éloge superbe, le qualifiant « d'homme d'esprit, de partisan de la constitution, dont le procédé n'annonce pas un turbulent.[3] »

La proposition ne souriait pas de même au supérieur. C'est seulement, le 15, qu'il prit une décision à cet égard, et il avoue qu'il la prit à son corps défendant : « Il nous en coûte d'être réduits à deffendre une dévotion qui, sous plusieurs rapports même politiques, fut toujours avantageuse au pays qui la vit naître ;[4] » mais comme la raison fait un devoir de s'accommoder aux circonstances, il était disposé à toutes les concessions, estimant qu'il valait mieux engager les recteurs à retenir leurs paroissiens, supprimer même la cérémonie de la procession, que de donner prétexte à de nouvelles plaintes.

Ces dispositions équivalaient à la suppression de la fête ; mais il n'était plus temps de tergiverser. Le supérieur venait d'apprendre une terrible nouvelle, tous les clubs du département se proposaient de se rendre à Sainte-Anne, et de couronner les cérémonie par la plantation d'un arbre de la liberté.

[1] *L.* 237.
[2] *Id.*
[3] *Id.*
[4] *Id.*

III

Plantation projetée d'un arbre de la liberté.

I. — Terreur des autorités locales

L'initiative de ce projet revenait aux clubistes de Lorient, qui avaient eu l'audace d'adresser à cet effet une invitation aux autres clubs du département. Ils s'étaient promis sans doute de réparer l'échec qu'ils avaient récemment éprouvé, par une manifestation grandiose en faveur de la liberté.

Cette manifestation n'avait rien en soi qui fût désagréable au supérieur de la communauté. Seulement les suites pouvaient en être fâcheuses : « Dans un grand rassemblement on pense beaucoup, on dit beaucoup, souvent on en fait trop, »[1] et l'on courait grand risque de *faire trop* en la circonstance. Néanmoins il se mettait aux ordres des administrateurs sans protester davantage contre le projet annoncé.

Jean Le Neveu, maire de Pluneret, fut moins accommodant. Il n'était pas certainement hostile à la plantation d'un arbre de la liberté, mais il ne comprenait pas qu'elle eût lieu à pareil jour : « Je penses, écrivait-il le 16 aux administrateurs d'Auray, que vous senté comme moy combien cela pourrait aitre nuisible et funeste par la cantité de gens inconstitutionnel qui pourrait si trouvé. Et comme il est en votre pouvoir de remettre ce jour, vous pouré évité le trouble .. »[2]

En dépit de sa mauvaise orthographe, Jean Le Neveu se montrait bien avisé. Que le supérieur l'eût instruit du plan conçu pour retenir chez eux les pèlerins, c'est possible ; en tout cas il sentait que cette mesure serait inefficace, que les paysans viendraient peut-

[1] *L.* 237.
[2] *Id.*

être plus nombreux encore, rien que pour s'offrir le plaisir de casser la tête aux perturbateurs. Aussi valait-il mieux essayer d'arrêter les patriotes, en se servant de l'autorité dont disposaient les pouvoirs publics.

Il est vrai que les clubistes, ayant prévu le danger, n'entendaient pas s'exposer aux coups sans défense. Le bruit courut à Pluneret, le 19, que deux compagnies de volontaires nationaux de Lorient, précédées de quatre ou cinq brigades de gendarmerie, leur serviraient d'escorte. Les municipaux en furent vivement alarmés. Cette manifestation armée ne leur présageait rien de bon ; n'aurait-elle pas pour effet de surexciter l'animosité populaire, de provoquer un soulèvement, d'allumer la guerre civile ? Et, si elle éclatait, il serait facile de deviner sur qui en rejaillirait la responsabilité : sur les religieux de Sainte-Anne, et sur eux-mêmes probablement. Eh bien ! s'écraient-ils, « chargés du maintien du bon ordre et de faire respecter les personnes et les propriétés, nous faisons tout ce qui dépend de nous pour y parvenir... »[1] Or, voilà un désordre imminent, une révolte inévitable que les administrateurs seuls peuvent empêcher, à eux donc d'agir au plus vite pour faire remettre à un autre temps la plantation projetée : « Nous ne vous avons pas transmis de vains pouvoirs ; vous saurés en user, faire respecter nos droits et nous maintenir dans la tranquillité dont nous jouissons, tranquillité sans laquelle nous ne pouvons plus répondre de rien, sans laquelle nous désespérons d'asseoir l'impôt. »[2]

II. — Intervention des autorités supérieures

Cette dernière réflexion devait être décisive dans la pensée de la municipalité, qui délégua Jean Le Neveu, maire, Guillaume Guillevic, juge de paix, Jean Tanguy et Salomon Le Labousse, officiers municipaux, pour porter la pétition à Auray. Le directoire du district n'avait pas besoin pour agir d'être pressé à ce point. Il répondait de l'ordre dans son ressort, et il prévoyait qu'il serait forcément

[1] *L.* 237.
[2] *Id.*

troublé si le projet des clubistes, dont il avait d'ailleurs connaissance, était mis à exécution ; mais sans autorité pour s'y opposer,
il adressa, dès lendemain, à Vannes, la double réclamation du
maire et de la municipalité de Pluneret, en l'appuyant de son avis :
« Vous sentirez sans doute, disait-il au département, que la pureté
des intentions des citoyens de Lorient ne suffirait pas pour empêcher un grand trouble à Sainte-Anne et qu'il est plus facile de
prévenir le mal que d'y porter remède. »[1] Aussi concluait-il, dans
sa délibération du même jour, qu'il fallait absolument ordonner aux
clubistes de Lorient et des autres communes de rester chez eux.[2]

Lorsque tous ces rapports arrivèrent à Vannes, le directoire départemental se trouva sans doute ahuri. Il connaissait le plan des
clubs puisque le supérieur des Carmes en avait, dès le 15, informé
le procureur général syndic. Mais s'imaginait-il que la lettre adressée aux recteurs diminuerait le nombre des pèlerins, ou que la
majorité de ceux-ci verraient, sinon avec transport du moins d'un
œil d'indifférence, l'accomplissement de la cérémonie ? On ne
saurait le dire. Ce qui est certain, c'est que dans l'intervalle du
15 au 21 il demeura inactif. Cette inaction ne pouvait se prolonger
plus longtemps. Les vives observations de la municipalité de Pluneret lui firent comprendre que la question était d'un intérêt majeur, et qu'il y allait du repos ou de la perturbation du pays. Alors
il s'empressa d'envoyer à tous les directoires des districts les instructions qui suivent, avec prière de les communiquer aux principales municipalités de leur ressort :

« Nous avons été instruits par des corps constitués que des
citoyens de différentes communes de votre district ont dû faire le
projet de se rendre à Sainte-Anne le jour de la fête, en grand nombre et en armes, pour y planter un arbre de la liberté. Cet acte infiniment louable en lui-même présente les plus grands inconvénients
auxquels l'excès de leur zèle ne leur aura pas permis de réfléchir.

« L'assemblée de Sainte-Anne est ordinairement nombreuse, et
est composée de cultivateurs ignorans, qui excités par les ennemis

[1] *L.* 237.
[2] *L.* 800.

de la chose publique, pourraient insulter au patriotisme de vos concitoyens, occasionner des tumultes et des scènes dont les suites seraient infiniment fàcheuses. L'insurrection qui a eu lieu dans le département du Finistère, a dû se former à la suite de la plantation d'un arbre de la liberté. Il serait bien malheureux qu'il arrivât un pareil événement à l'assemblée de Sainte-Anne. D'ailleurs en plantant l'arbre de la liberté, vos concitoyens n'échaufferaient pas le patriotisme des gens de la campagne. Au contraire cet acte de civisme qu'on a la méchanceté de leur représenter comme le symbole d'une religion nouvelle, les indisposant de plus en plus, et avant longtemps vos concitoyens auraient le chagrin d'apprendre que des hommes de mauvaise volonté ont abattu cet arbre qu'on aurait eu tant de peine à planter. Il n'y a point habituellement à Sainte-Anne de force publique pour arrêter une pareille voie de fait qui serait considérée comme un triomphe par nos ennemis communs.

« On a aussi répandu dans le public que des factieux devaient se trouver à cette assemblée. Vos concitoyens doivent compter sur notre vigilance et se persuader que nous prendrons toute espèce de précautions pour prévenir le désordre qui pourrait être suscité par le fanatisme, mais l'exécution de leur projet ne tendrait qu'à l'augmenter bien loin d'en diminuer l'effet.

« Des citoyens vraiment animés de l'amour de la Patrie doivent rester à leurs postes lorsqu'elle est en danger ; ils doivent attendre des réquisitions pour marcher et ne jamais se permettre de réunion qui n'étant pas autorisé contrarierait le vœu de la loi qu'ils ont juré d'observer et les rendrait responsables de tous les accidents qui en pourraient résulter. »[1]

Cette circulaire partit le 21. Le même jour M. Félix, commandant les troupes de la Martinique, à Vannes, annonçait au directoire départemental qu'il avait reçu un billet du général Canclaux lui ordonnant de faire marcher vers Sainte-Anne 150 hommes de son régiment.[2] Le département, tout en remerciant M. Félix de cette

[1] L. 941, 823.
[2] L. 237.

communication, lui fit observer qu'il valait mieux poster sa troupe à Auray, situé à proximité de Sainte-Anne où il lui serait facile de se rendre à la réquisition des administrateurs du district.[1] Ceux-ci consultés sur l'envoi de ce secours et de plusieurs brigades de gendarmerie, crurent devoir refuser. Ils jugeaient que les forces dont ils disposaient suffiraient au maintien de l'ordre, en sorte que finalement le détachement ne partit pas (23 juillet)[2]. N'auraient-ils pas à regretter cette décision ?

III. — Dénouement.

A cette date du 23, la situation n'avait pas eu le temps de se dessiner. Le directoire du district d'Auray connaissait peut-être les dispositions pacifiques de cette ville et des environs ; mais il n'avait aucune nouvelle rassurante des clubistes de Lorient. Comment ceux-ci avaient-ils accueilli la circulaire ? Voudraient-ils se soumettre aux conseils qu'elle contenait ? Renoncer à un projet préparé avec tant d'amour ? On l'espérait, on n'en était pas certain. Cependant les pèlerins allaient arriver, et les fêtes commencer. Quelle en serait l'issue ? La voici, d'après Frollo-Kerlivian ; le 27, il écrivait au procureur général du département :

« Vous serez sûrement fort aise, d'apprendre par un témoin oculaire comment les choses se sont passées pendant les fêtes de Sainte-Anne. Je puis vous rendre un compte très satisfaisant. Depuis 34 ans que j'habite ce pays, je n'ai pas encore vu d'assemblée aussi tranquille. Le 24, il y avait très peu de monde, 20 gendarmes commandés par un officier ont fait une patrouille, après quoi on a rafraîchi les hommes et les chevaux. Le 25, il y a eu grande affluence des citoyens du Finistère et des Côtes-du-Nord ; il y en avait aussi de l'Ille-et-Vilaine et de la Loire-Inférieure. Vers trois heures, après avoir conféré avec MM. les officiers municipaux, on s'est décidé à faire la procession ordinaire ; il y a régné le plus grand ordre, les

[1] *L.* 237.
[2] *Id.*

municipalités y ont assisté en corps ; j'ignore pourquoi ils n'ont pas fait usage des six écharpes de soye, dont je leur ai fait présent, ils craignaient peut-être d'effaroucher les bons villageois. Le juge de paix et son greffier étaient à portée de tout voir et d'agir en cas de besoin. La gendarmerie de la veille a fait le service à pied ou à cheval...»[1]

Ainsi le 25, jour de la procession tant redoutée, s'écoula en paix ; et dès ce jour les administrateurs avaient la certitude qu'il en serait de même le lendemain, car ils venaient de recevoir d'Hennebont une lettre qui contenait ces lignes : «... Nous avons fait part aux principales municipalités de notre district de vos observations, nous ne doutons pas qu'elles ne s'y conforment. »[2] Le retard mis à répondre fait supposer que le directoire d'Hennebont avait agi auprès des clubistes, et qu'il n'avait écrit qu'après s'être assuré de leur abstention. Cette abstention fut cause que « la journée du 26 égala en tranquillité les deux jours précédents.»[3] Ce sont les paroles de Frollo-Kerlivian dans la lettre ci-dessus mentionnée.

Les Carmes du reste n'avaient rien épargné pour éviter toute bagarre. Non contents d'avoir engagé les recteurs à retenir leurs paroissiens, ils avaient annoncé qu'ils ne recevraient aucun ecclésiastique du département ni d'ailleurs. Un ex-chartreux, présent au moment de la procession, n'avait pu même obtenir de la faire avec eux : « Puisse cette conduite, écrivait l'économe, nous mériter la bienveillance de MM. les administrateurs et nous assurer leur protection... »[4]

Ils la méritaient pour avoir, par tant d'efforts, rendu l'assemblée « bien moins nombreuse qu'à l'ordinaire. » L'économe semble pourtant avoir exagéré en disant que la fête se passa dans le plus grand calme, car les préoccupations des pèlerins devaient être fort vives, du moins se passa-t-elle sans tumulte ni effusion de sang.

[1] *L.* 239.
[2] *L.* 237.
[3] *L.* 239.
[4] *Id.*

IV

Fermeture de la Chapelle.

I. — CONJURATION.

Enfin les Carmes partirent[1], à la grande joie des patriotes qui voyaient dans cet événement un coup mortel porté au pèlerinage. Les administrateurs du district d'Auray n'étaient peut-être pas éloignés de partager ce sentiment, puisque, au 1er janvier 1793, ils éprouvaient un certain étonnement qu'on « mît encore des offrandes dans la chapelle[2]. » Cela prouve du moins qu'ils n'en avaient pas interdit l'entrée. Au contraire ils avaient pris des précautions pour qu'elle fût régulièrement ouverte et fermée[3].

Fréquentée dans le cours de l'année, elle l'était surtout aux jours des grands pardons où les peuples ne cessaient d'accourir pour prier la bonne Mère et aussi pour deviser des choses du jour. Les fêtes du 7 mars 1793 furent particulièrement consacrées à l'examen de la situation. Elle était fort triste : roi guillotiné, prêtres proscrits, contingent imposé aux communes dans la levée des trois cent mille hommes, rien ne manquait pour aigrir les esprits et provoquer un éclat ; mais, jusque-là, « les paysans, convaincus de leur faiblesse, ne manifestaient leur mécontentement que par des murmures sourds[4]. » Le moyen de transformer en force cette faiblesse était de s'entendre sur les bases d'une action commune. L'entente se fit, paraît-il, pendant les fêtes de Sainte-Anne, « foyer incendiaire d'où partit le développement de la révolte générale que tenta, en mars, la Révolution dans le Morbihan[5]. »

C'étaient les administrateurs du district d'Auray qui s'exprimaient

[1] Voir la première partie.
[2] *Arch. départ. L.* 801.
[3] *Id.*
[4] *L.* 259.
[5] *L.* 803.

ainsi. Et remarquez qu'ils n'attribuaient pas au pèlerinage les origines de la révolte, reconnues pour « remonter à la loi du 27 novembre 1790 sur le serment des prêtres [1]. » Ils avouaient seulement qu'elle se généralisa, grâce à un accord préalable que l'assemblée permit sans doute d'établir entre les délégués des différentes communes du département et probablement des départements voisins. De fait. toute la Bretagne prit feu quelques jours plus tard.

II. — INSURRECTION.

Les principaux faits de cette insurrection sont dans toutes les mémoires. On sait que, le 14 mars, deux groupes débouchant à Vannes par la rue Saint-Yves, disaient pour toute réponse aux commissaires du département envoyés à leur rencontre : « Nous n'avons plus de roi. nous n'avons plus de prêtres, nous voulons crocher avec la nation ; nous voulons savoir de quelle autorité on prétend recruter ; nous n'en connaissons plus, nous irons tous [2] ; » et que couchés en joue par les défenseurs de la ville, ils se mirent à crier : Vive sainte Anne [3] ; que le même jour « Pontivy fut investi par une foule effroyable de brigands [4] ; » que le 16, un rassemblement criait au bourg de Plaudren *rach*, *rach*, et manifestait l'intention de marcher sur Vannes, de s'emparer des canons pour les enclouer, et de rendre la liberté aux prêtres détenus à la maison de la Retraite [5] ; enfin que la révolte éclata simultanément dans tous les districts [6].

Ce qu'on sait moins, c'est que pendant ces jours terribles le tocsin sonna dans presque toutes les chapelles, appelant le peuple aux armes. Aussi on ne saurait dire la haine qui animait les patriotes contre les pauvres *cloches* qu'on n'avait pas encore confisquées. L'administrateur Lucas fils aîné, qui dirigeait des forces vers

[1] *L.* 259.
[2] *L.* 246.
[3] *Histoire de Cadoudal.*
[4] *L.* 245.
[5] *L.* 246.
[6] *L.* 259.

Malestroit, écrivait le 18 mars au département, qu'il s'était cantonné dans l'église d'Elven, et il ajoutait : « Avant notre départ, nous abattrons les cloches de l'église, nous donnerons ordre à la municipalité de les conduire à Vannes, et nous en agirons de même partout dans les bourgs où nous passerons.[1] » Le 22 mars, un certain nombre de citoyens priaient les administrateurs de Vannes d'enlever incessamment toutes les cloches restées dans le district[2]. Le même jour le directoire de Pontivy annonçait que les cloches étaient déjà descendues en plusieurs endroits de son ressort et qu'il n'en laisserait pas subsister une seule[3]. Si pourtant elles n'étaient pas descendues à temps, écrivait-il ailleurs, alors il faudrait se résoudre à les briser « pour qu'elles ne donnent plus le signal de la mort[4]. »

Le tocsin résonnait encore aux oreilles lorsque Le Malliaud et Guermeur, envoyés par la Convention dans les départements du Morbihan et du Finistère, arrivèrent à Vannes. Ils avaient mission de rechercher les principaux auteurs du soulèvement, et à cet effet, ils ordonnèrent, le 1er avril, de « faire arrêter et interroger les sacristains, sonneurs de cloches, gardiens dépositaires de clefs, et autres servants séculiers des églises et chapelles des paroisses où les attroupements s'étaient formés, et de les faire traduire devant le premier juge de paix du chef-lieu du district de son domicile pour y être interrogés sur leur complicité[5]. » Le juge devait remettre en liberté les personnes de bonne foi et prononcer le renvoi des autres devant le tribunal criminel.

Des différentes déclarations faites à cette occasion, relevons seulement celle de Vincent Joanic, trésorier de la chapelle de Miséricorde, en Pluvigner. Il protesta qu'il n'avait pas sonné le tocsin mais l'*Angelus*, et que d'ailleurs la chapelle restait ouverte du matin au soir pour permettre aux pèlerins qui passaient par là en allant à Sainte-Anne, d'y déposer leurs offrandes avec leurs prières[6]. On n'eut

[1] *L.* 249.
[2] *L.* 246.
[3] *L.* 250.
[4] *L.* 245
[5] *L.* 246.
[6] *L.* 243.

pas à interroger les sonneurs de Sainte-Anne, attendu que ses cloches n'existaient plus. L'insurrection y avait cependant laissé de cruels souvenirs, car deux de ses principaux citoyens, Rousse et Etienne Audran, furent tués le 19 mars ; le premier, sur le chemin d'Hennebont où il voulait se réfugier ; le second, « dans la campagne[1]. »

III. — VENGEANCE.

Il y avait à craindre que le meurtre d'Audran, gardien de Sainte-Anne, n'entraînàt la fermeture immédiate de la chapelle. Cette crainte ne se réalisa pas. Soit que les administrateurs n'eussent aucune connaissance du complot formé ou développé à l'ombre du pèlerinage, soit que la prudence leur conseillàt de ne pas jeter de nouvelles matières sur un incendie qui avait déjà causé tant de ruines, ils continuèrent de pratiquer une large tolérance. Nous avons vu que, le 22 avril suivant, un mois après la révolte, ils eurent soin d'excepter du fermage du couvent « l'église, les sacristies et la première cour d'entrée qui seront libres au public[2]. »

Cependant la Révolution ne cessait de marcher, les jours sombres de la Terreur se levèrent sur le pays, et Prieur de la Marne se présenta dans le Morbihan, au nom de la Convention, avec ordre de réorganiser les administrations. Les hommes qu'il mit à la tête du district d'Auray ou qui surgirent durant cette période, se montrèrent dignes de la confiance que la Convention leur témoignait. Les principaux étaient Bonaventure Laity, agent national ; Barré-Manéguen, procureur-syndic ; Le Goff et Jean-Charles Cohéléach, administrateurs ; tous quatre sachant s'élever au-dessus des scrupules et poursuivre à outrance ce qui avait la moindre apparence de religion.

La chapelle de Sainte-Anne parut d'abord trouver grâce devant eux ; mais « les rassemblements », qui s'y formaient à certaines époques, ne tardèrent pas à les irriter. Le pardon du 7 mars 1794 mit au comble leur fureur. Se souvenant alors « que de ce foyer

----

[1] *Arch. de Pontivy.*
[2] Voir la première partie.

incendiaire partit le développement » de l'insurrection qui avait l'année précédente bouleversé le Morbihan, le 9 ils décidèrent de porter au mal un prompt remède :

« Vu les rassemblements nombreux que le fanatisme occasionne encore au lieu de Sainte-Anne.., voulant par tous les moyens que les lois des gouvernements révolutionnaires leur a confiés, assurer impitoyablement la sûreté et la tranquillité publiques dans les arrondissements ;

« Le directoire arrête que de ce jour les portes de la maison nationale ditte église de Sainte-Anne seront fermées, nomme le républicain Cohéléach, administrateur pour exécuter le présent, et qu'il est chargé d'emporter les clefs de la ditte maison, de mettre en sûreté la sire, l'argenterie ou numéraire qu'il y trouvera, et de rendre compte demain à l'administration du comptement de la présente commission[1]. »

Si les administrateurs s'étaient imaginé qu'un pareil arrêté anéantirait le pèlerinage, leurs illusions furent courtes. Comme par le passé, le peuple s'y pressait chaque jour, et ce spectacle agaçait tellement le citoyen Botréhan qu'il ne put se contenir.

Epuré comme membre de la *Société des Amis de la Liberté et de l'Égalité d'Auray*, ce citoyen se sentit un homme nouveau, et dans l'ardeur qui le transportait, à la séance du 1er juin, il fit une charge à fond contre « le cagotisme » qui gangrenait le pays : « Il ne peut s'éteindre, s'écria-t-il, qu'en supprimant les pèlerinages qui se font journellement à la chapelle de Sainte-Anne ; l'affluence du peuple qui s'y rend ne peut qu'entretenir une idole que le temple de la raison doit faire oublier[2]. »

Le club était de cet avis. Le temple de la raison lui suffisait, surtout en y joignant les *déesses* qu'Auray s'était données. Alors, pour récompenser le nouveau frère de son initiative, il le chargea de rédiger une pétition et de la communiquer au directoire, «pour que sa prudence prenne les moïens de détruire totalement tous les pèlerinages dans son arrondissement et faire disparaître les

---

[1] *L. 803.*
[2] *Arch. d'Auray.*

cagots ainsi que le cagotisme des monstres hideux pour ne pas reparaître sur le sol de la république[1]. »

Cette proposition reçut bon accueil. On résolut de détruire les pèlerinages, et notamment celui de Sainte-Anne en supprimant « l'Idole » que les « cagots » y vénéraient.

V

Incendie de la statue.

I. — ENLÈVEMENT.

Pour l'opérer, il fallait un homme dépourvu de scrupules et prêt à toutes les besognes. Cet homme se rencontra, et pour la désolation de la ville d'Auray, c'était un de ses enfants.

Bonaventure Laity, qualifié « d'écrivain avant et depuis la Révolution[2] », avait 27 ans en 1793, et il s'était acquis déjà une si belle réputation de terroriste que Prieur de la Marne, par un acte daté de Lorient le 11 novembre de la même année, le nomma procureur-syndic du district d'Auray[3]. Deux jours après, il prenait la parole en ces termes devant les administrateurs : « Si jamais les circonstances ont dû réveiller votre sollicitude, c'est celle où nous nous trouvons en ce moment critique… Oh ! voyez les habitants des campagnes, ces êtres faibles et féroces, gangrenés du plus sanglant fanatisme et du royalisme le plus outré. Il est temps de sévir contre la rébellion ouverte, le glaive de la loi ne doit point être nul entre nos mains… une molle insouciance nous perdrait[4]… » Voilà comment, à peine installé, pérorait Laity ; mais, s'il aimait à pérorer, il préférait agir. Aussi quitta-t-il bientôt les fonctions de procureur-syndic pour devenir agent national. et c'est en cette dernière qualité qu'il accomplit ses meilleurs exploits.

[1] *Arch. d'Auray.*
[2] *L.* 800.
[3] *Id.*
[4] *Id.*

Ces exploits concernaient naturellement les proscrits. Nul ne se donnait plus de mal pour les anéantir. Il les poursuivait nuit et jour, accompagné de gendarmes et de soldats et surtout d'un chien énorme, qu'il avait dressé à leur faire la chasse. Ce furent les aboiements de ce chien qui découvrirent le malheureux chartreux Mathurin Léon, caché dans un champ de seigle de Brech. Laity fut si ravi de cette prise qu'il voulut faire danser sa victime : « C'est un gibier de plus pour la guillotine, s'écriait-il le 10 juin 1794, ce sera sa dame puisqu'il refusat de danser avec nous la carmagnole[1]. » Le 14 du même mois. il se plaignit au président du tribunal criminel de certains prisonniers, dont la longue détention l'agaçait : « les uns ont crié vive le roi, d'autres ont prêché la contre-révolution, un autre est ex-moine émigré. Tout cela est gibier de guillotine. Faut-il les faire filer de suite à Lorient ? ou faut-il encore qu'ils chomment icy à manger, au grand regret des républicains, le pain de la nation[2]... ? » Ce zèle allumait l'enthousiasme du procureur-syndic Barré-Manéguen, qui dans une lettre à Prieur célébrait de la sorte sa propre activité et celle de son complice : « Si le feu qui nous anime avait pu se transfuser dans l'âme froide de nos collaborateurs, tu n'aurais pas à te plaindre de la négligence mise dans l'exécution de ton arrêté[3]. »

Voilà Laity ! ces traits suffisent à le peindre, et désormais rien ne saurait étonner de sa part. Sans pitié pour les proscrits, il devait être sans respect pour les choses saintes, et si quelqu'un paraissait capable de porter sur la statue vénérée une main sacrilège, c'était celui-là. Au cours d'une de ses expéditions, « ce Laity vint à Sainte-Anne avec d'autres patriotes, entr'autres Brizard menuisier. Prenant des échelles, ils renversent et brisent toutes les statues, Laity alla droit à celle de Sainte-Anne que les dragons de Beysser et autres avaient respectée. Il l'envoie au Lion d'or, l'enveloppe d'une pièce de toile, et la met derrière lui à cheval, malgré les reproches des femmes de l'auberge. Louison Prado domestique au Lion d'or était présente. Cet homme fort vigoureux mourut de

1 *L*. 817.
2 *Id*.
3 *L*. 816.

consomption et des suites de ses débauches, à Auray. Il devint sec comme un morceau de bois. Il parut à Sainte-Anne en cet état. Il semblait que la main de Dieu l'eût fait sécher[1]. »

L'auteur de cette relation inédite est M. l'abbé Le Bihan, ancien vicaire et ancien recteur de la paroisse de Pluneret, où il exerçait le ministère dès la Restauration. Très curieux de sa nature, il se plaisait à interroger les survivants de la Révolution, acteurs ou témoins, si nombreux autour de lui, et à consigner minutieusement par écrit tous les épisodes qui s'y rapportaient. Son témoignage est donc sérieux et on ne saurait facilement le récuser. Il paraît cependant s'être trompé sur un point, il a placé en 1793 l'enlèvement qui nous occupe ; mais si l'interprétation du mot *idole* n'est pas inexacte, si cette expression désigne la statue, comme on est vraiment porté à le croire, c'est vers le milieu de 1794 qu'il se serait produit.

II. — EFFORTS POUR LA SAUVER.

L'exploit de Laity ne passa pas inaperçu. En l'apprenant, ses compatriotes s'émurent, et employèrent leurs efforts à réparer la profanation qu'il avait commise. Le Père Martin a écrit dans son *Histoire de Sainte-Anne*, éditée en 1831, les lignes suivantes :

« Le gouvernement fit aussi enlever les statues ; celle de la sainte resta plus d'un an chez une honnête famille qui la gardait malgré la peine de mort à laquelle ce précieux dépôt l'exposait. »

Comment tomba-t-elle « chez une honnête famille ? » L'auteur l'explique dans l'édition de 1838 :

« La statue si vénérée fut d'abord sauvée par de dignes habitants d'Auray, qui la cachèrent plus d'un an en bravant la peine de mort. »

Ainsi, à peine était-elle arrivée à Auray, que des catholiques parvinrent à s'en saisir et à l'emporter chez eux. Ce détail, presque intime, semble faire croire que l'auteur, dont les parents avaient été plus ou moins mêlés au mouvement révolutionnaire, en savait là-dessus plus qu'il n'en disait.

[1] Manuscrits.

Il ne paraît pas moins au courant de la question lorsqu'il écrit en 1831 : « A la suite de vives perquisitions, elle fut transférée dans le dépôt commun des objets d'église »; et en 1838 : « Ils se virent comme contraints plus tard de la porter au dépôt des objets d'église. »

Plus tard, c'est-à-dire, après la Terreur, époque où ils bravaient en la cachant la peine de mort. Si elle avait été découverte pendant ce temps abominable où l'on osait se jouer ouvertement des choses les plus sacrées et commettre sans sourciller tous les attentats, il est hors de doute qu'on ne l'eût pas épargnée. Or elle fut épargnée puisqu'elle existait deux ans après. Ce qui en fait foi, c'est un document officiel adressé, le 17 octobre 1796, par Faverot, commissaire du pouvoir exécutif auprès de l'administration centrale du Morbihan, au ministre de la police, qui lui demandait des renseignements sur le pèlerinage.

« L'image de sainte Anne qui existait au couvent des Carmes près d'Auray, est depuis deux siècles dans la plus haute vénération dans toute la Bretagne. On y allait de partout... et on n'a jamais vu une affluence aussi grande que cette année. Cependant le chétif morceau de bois tant vénéré n'est pas à Sainte-Anne. L'administration l'a fait enlever, et il est déposé dans une armoire de l'administration du district, d'où on pourrait le tirer pour l'échanger avec le pape contre quelques-uns des célèbres monuments des arts qui honorent l'Italie[1] ».

Quoi de plus explicite? Le 17 octobre 1796, jour où écrivait Faverot, la statue était intacte dans la maison du district, et elle ne se trouvait pas confondue avec le mobilier que les spoliateurs y avaient entassé, elle était isolée et placée à part dans une armoire ; et elle possédait, toute chétive qu'elle était, une telle valeur aux yeux du commissaire que l'idée lui vint de l'échanger avec le pape contre un des chefs-d'œuvre de l'Italie.

Quel cas le ministre fit-il de cette proposition? Aucun. Dans sa réponse du 12 novembre, il ne toucha même pas à ce sujet. Tout préoccupé « des pélerinages qui se font sur le champ où les émigrés

---

[1] *L.* 265.

ont été fusillés .. », où « les uns déposent des béquilles, des
cierges et autres ouvrages de cire... », ce qui « prouve un reste de
fanatisme royal et d'attachement pour la mémoire des rebelles[1] »,
il dédaigna les pardons de Sainte-Anne et les *superstitions* qui s'y
pratiquaient ; mais, puisque le projet d'échange n'avait pas abouti,
qu'allait-on faire de la statue ?

III. — DESTRUCTION.

La solution naturelle eût été de la reporter à sa chapelle ; mais
personne n'y songeait ; car si les administrateurs toléraient le pèlerinage, ils se gardaient bien de le favoriser. Dès lors il n'y avait
d'autre alternative que de la détruire ou de l'abandonner dans l'armoire qui la renfermait.

Cette dernière conjecture, examinée en soi, n'est pas invraisem-
blable ; et, en ce cas, n'est-il pas permis de supposer que la statue
avait pu être oubliée dans sa cachette, et, à la rigueur, exister encore ? L'auteur de ces lignes se l'est demandé un instant, et dans
l'espoir de la remettre au jour, il s'est rendu à la mairie d'Auray
qui n'est autre que l'ancienne maison du district ; il en a visité les
placards, fouillé tous les coins et recoins, pénétré dans les greniers
obscurs, déchiré maintes toiles d'araignées, pour n'aboutir d'ailleurs
à aucun résultat.

Cet insuccès ne l'a pas étonné outre mesure. A dire vrai, il
agissait ainsi par acquit de conscience plutôt que par une conviction réelle, et il est revenu sans trop de peine au sentiment du
Père Martin qui assure que, « transférée dans le dépôt des objets
d'église, elle y fut trouvée, et bientôt brisée et livrée aux flammes. »
Cette déclaration a d'autant plus de poids qu'elle émane d'un
homme en état d'être bien renseigné et qui, loin de la démentir,
dans l'édition de 1838, l'a complétée par un nouveau détail :
« Portée au dépôt des objets d'église, on l'en tira pour la livrer aux
flammes, à Vannes. » C'est donc à Vannes et non à Auray, que
s'effectua cette irréparable destruction ; mais en quelle circonstance
et vers quel moment ? Voici ce qu'il n'est pas téméraire d'avancer.

[1] *L.* 265.

On se rappelle que l'administration du district d'Auray, avant de disparaître, avait obtenu, le 22 juin 1797, l'autorisation de se défaire de tous les meubles et effets entassés depuis longtemps dans les dépôts publics de la ville. N'osant céder la sainte image de peur de pousser au *fanatisme*, ni la détruire à Auray où elle était si connue, pour ne pas déchaîner l'indignation populaire, on se serait déterminé à l'expédier à Vannes. A Vannes, on éprouvait le même besoin de nettoyer la place. La statue n'étant d'aucune utilité, on la jeta au feu avec d'autres effets, mais sans cynisme et sans fracas, tout simplement comme objet de rebut ou d'embarras.

Que cette opération ne puisse être assimilée à un attentat public, cela paraît certain. A l'époque dont il s'agit, les profanations de ce genre n'étaient plus à l'ordre du jour. Non que l'hostilité envers les choses religieuses eût beaucoup diminué au fond. La persécution avait subi cependant un temps d'arrêt, et vers la fin de 1796, on mettait en liberté les vieux prêtres détenus au Petit-Couvent. Ce mouvement de modération s'accentua dans le courant de 1797, au point que les lois d'exil furent abrogées et les proscrits rappelés ou laissés libres de rentrer dans leurs foyers. Dans ces conditions on ne s'expliquerait pas que la statue eût été brûlée de parti pris, en haine de la religion.

Le Père Martin confirme implicitement cette manière de voir, en rapportant la présence d'esprit dont fit preuve à cette occasion un habitant de Vannes : « Dieu permit qu'elle ne fût pas entièrement détruite, et l'on voit aujourd'hui sous verre, dans le piédestal de la nouvelle statue, une portion considérable de la tête sauvée par un habitant de Vannes. » S'il y avait eu attentat officiel, comment un particulier aurait-il pu ou osé s'approcher du feu et opérer la soustraction signalée ? Dans le cas contraire il ne courait aucun danger sérieux, et un peu de bonne volonté de la part des agents lui suffisait.

Un fidèle n'avait eu besoin d'autre chose dans une circonstance où la perte des reliques était inévitable, et il réussit à les sauver.

VI

Conservation des reliques.

I. — DÉVOUEMENT D'UN FIDÈLE.

Pas plus que la statue, les reliques n'échappèrent aux recherches des persécuteurs. Celles-ci devaient même attirer spécialement leur attention, à cause du précieux reliquaire qui les renfermait. En effet la relique offerte par Louis XIII, en 1639, se trouvait enchâssée dans un cristal de roche garni en argent. Or rien n'égalait la cupidité de la Convention pour l'or, l'argent et autres matières de valeur, qui formaient en partie le mobilier des églises.

Toujours poussés par ce mobile, les commissaires du district vinrent à Sainte-Anne « prendre le reste de l'argenterie qui y restait. » Ils avaient avec eux un orfèvre chargé d'en faire la vérification, et trois habitants de Pluneret, probablement membres de la municipalité, Salomon Le Labousse, Joseph Marin et François Jacob. Un quatrième Pierre Le Boulair les suivait, mais on croirait que c'était à titre privé, sans autre motif que sa dévotion pour sainte Anne et l'espoir de lui rendre service.

Pierre Le Boulair demeurait au village même de Sainte-Anne. C'est dire qu'il connaissait parfaitement le reliquaire, d'abord pour l'avoir vu souvent porter en procession ; puis, pour y avoir lu l'inscription suivante : *Reliques de sainte Anne données par Louis XIII en 1639.* Son erreur à cet égard était donc moralement impossible. L'orfèvre ne s'y trompait pas non plus ; mais en sa qualité d'agent de la Convention, aucune considération n'était capable de l'arrêter. Il prit « la boëte de ver qui contenait les susdites reliques », et la rompit brutalement pour avoir l'argent qui la garnissait. Le Boulair observait de près tous ses mouvements. L'œil fixé sur le reliquaire, il « vit quelque chose tomber ; s'étant approché, il reconnut que c'était deux morceaux de reliques qu'il ramassa[1] » respectueu-

[1] *Arch. de Sainte-Anne.*

sement en présence des trois hommes que nous avons nommés.

Le document qui contient ces faits intéressants n'en indique pas la date. Il parle seulement d'une dernière tournée opérée par les commissaires pour « prendre ce qui restait[1] ». Or, du 20 mai au 8 juin 1794, eut lieu une expédition de ce genre. Le 10 juin, le fameux Laity écrivait à Prieur de la Marne : « Je t'annonce avec plaisir le résultat de mes travaux et de mes courses de cette décade et de la précédente : elles ont produit à la république plus de deux cents marcs d'argenterie, sans compter les autres matières qui lui sont d'une grande utilité[2]. » La lettre ne spécifie pas en détail l'origine de ce butin ; il est permis de croire néanmoins que l'argent du reliquaire en faisait partie, parce qu'à la même époque Pierre Le Boulair avisa de son secret un carme, qui vivait caché dans le voisinage.

II. — PROCÈS-VERBAL.

Ce carme était Jean Thomas, ancien sacristain de la communauté. L'heureux détenteur des reliques l'avertit de venir le trouver, comme ayant « des affaires importantes à lui communiquer[3]. » Le proscrit se laissa persuader, et le onze juin, il se présenta secrètement chez lui. Il entendit son témoignage, vit la relique et en accepta la garde avec joie.

Cela ne pouvait suffire. Il comprenait que sa parole ne ferait pas autorité en la matière et qu'il importait avant tout de s'assurer de « la vérité du fait[4]. » Il n'osa tenter aucune démarche tant que dura la persécution violente. Aussitôt qu'elle se ralentit au commencement de 1795, il eut à cœur de réaliser son dessein; le 13 avril, accompagné cette fois de Julien-René Le Bourhis, clerc du même ordre et de la même communauté, il se rendit de nouveau chez Pierre Le Boulair et y fit appeler Salomon Le Labousse, Joseph Marin et François Jacob, témoins oculaires de ce qui s'était passé. Ceux-ci confirmèrent l'exactitude du récit qui précède, et lecture

[1] *Arch. de Sainte-Anne.*
[2] *L.* 817.
[3] *Arch. de Sainte-Anne.*
[4] *Id.*

faite du procès-verbal qui en fut rédigé sur-le-champ, ils le déclarèrent en tout point *véritable :* « Après quoi, ajoute le frère Jean Thomas, j'ai en leur présence renfermé les dittes reliques dans une boëte d'argent en forme de cœur[1]. ». Tous signèrent ensuite le procès-verbal, « excepté François Jacob, qui ne sachant signer, a apposé une croix.[2] »

III. — REMISE A L'ÉVÊQUE.

La tempête éclata de nouveau et dispersa le clergé ; mais Jean Thomas ne dut pas s'éloigner du village, et c'est peut-être lui le prêtre inconnu qui, en 1798, officiait aux environs. Les persécuteurs ne vinrent pas à bout de l'arrêter ; il avait en sa possession les reliques de sainte Anne et sainte Anne veillait sur sa personne.

Lorsque l'ordre fut rétabli et la liberté du culte proclamée, le carme songea à se dessaisir de son dépôt et du procès-verbal qui en attestait la valeur. Ces précieux objets ne pouvaient être confiés qu'au chef du diocèse, et c'est à lui qu'il en fit effectivement la remise, le 27 juin 1803, devant deux témoins comme on le voit par la pièce suivante : « Huit messidor an onze, Monsieur Jean Thomas s'est presenté, et nous a remis en présence de Monsieur Allain notre vicaire général et de Monsieur Jarry notre secrétaire, un petit reliquaire d'argent en forme de cœur, contenant les reliques de sainte Anne mentionnées d'autre part[3]. » Suivent les signatures des personnages en question.

Les vœux du Père Thomas étaient comblés ; il avait sauvé un trésor inestimable au péril de sa vie, et l'autorité diocésaine en avait reconnu l'authenticité. Les reliques eurent donc une destinée plus heureuse que la statue, mais les contemporains l'ignoraient, et, devant ces sacrilèges spoliations, ils durent en verser des larmes de douleur. Cependant leur foi ne se déconcerta pas, la chapelle restait debout, et ils y accouraient d'autant plus nombreux qu'à un régime de violence inouïe succéda enfin une ère de sage tolérance.

[1] *Arch. de Sainte-Anne.*
[2] *Ibidem.*
[3] *Ibidem.*

VII

Tolérance.

1. — SERMON POUR LA PAIX.

L'année 1795 s'ouvrait sous les meilleurs auspices. Les arrêtés de
Guezno, Guermeur et Bruë mettaient fin à la persécution et le directoire du district d'Auray y applaudissait de tout cœur. Cependant
ils n'avaient pas obtenu partout les effets désirés, écrivait-il le 3o
mars, principalement celui « d'intéresser les prêtres à ramener l'esprit des habitants des campagnes à des sentiments de raison et
d'humanité. » Pourquoi les prêtres refusaient-ils de s'intéresser à
cette œuvre de pacification? Parce qu'ils « manquent eux-mêmes de
la confiance qu'ils seraient chargés d'inspirer à leurs concitoyens ».
Et le directoire ajoutait : « Nous avons fait parler à quelques-uns
de ceux qui sont errants. Nous leur avons fait dire qu'ils pouvaient
rentrer chez eux, y vivre libres et tranquilles, enfin y exercer leur
culte sous notre garantie, ils ont répondu individuellement : *Quand
les autres le feront, je le ferai aussi, mais je ne veux pas être le premier.* Ils s'accordent tous à dire qu'il y a contre eux un décret de la
Convention, tandis qu'il n'y a en leur faveur qu'un arrêté d'un repré-
sentant du peuple, auquel ils n'accordent pas la même confiance.[1]»

Avec de pareilles dispositions, on comprend que le directoire ne
fût pas tenté de lutter contre les pardons de Sainte-Anne. Aussi, la
fête du 7 mars, qui en ouvre la série, attira-t-elle un nombre infini
de pèlerins. C'est le directoire lui-même qui a mentionné ce détail
dans un rapport au département : « Le 7e mars (vieux style), il y eut
un concours prodigieux de païsans à Sainte-Anne[2]. » Ils venaient remercier la Patronne de la tranquillité relative dont jouissait enfin le
pays. Ce qui causa un plaisir sensible aux administrateurs, ce fut
le calme des pèlerins et le sujet de l'allocution prononcée au cours

---

[1] *L.* 810.

[2] *Id.*

de la journée : « L'un d'eux, lisons-nous au même endroit, y fit en breton un long sermon sur la paix et l'union qui doivent régner entre tous les citoyens et sur l'oubli du passé ; le sermon parut faire impression sur les assistants, et il fut suivi des prières pour la paix[1]. »

Les administrateurs croyaient le prédicateur un prêtre déguisé. Ils le laissèrent néanmoins parler en liberté, et ils étaient plutôt enclins à le féliciter pour ce fait qu'à le maltraiter. La paix alors était dans les vœux de tous. De là, une suspension d'armes, conclue le 3 janvier ; une entrevue à Sainte-Anne de Cadoudal, Mercier et autres chefs royalistes avec des officiers républicains[2] ; des conférences fixées à La Prévalaye, dans l'espoir d'arriver à une entente définitive. Les prières venaient donc à un moment très opportun.

Ajoutons qu'en insistant sur *l'oubli du passé*, le prédicateur devait aussi avoir en vue la cessation des hostilités particulières. Très vives sur tous les points du département, elles l'étaient spécialement à Sainte-Anne et aux alentours. Le village renfermait quatre ou cinq délateurs de profession, qui causaient le plus grand mal[3] ; des détachements de la force armée y opéraient souvent des perquisitions et des arrestations, sans motif sérieux[4]. En revanche, dans la nuit du 25 octobre 1794, la femme d'un patriote fut passée par les armes, et lui-même ne se sauva qu'à la faveur des ténèbres[5] ; le 1er février 1795, la fille Blavec subit le même sort[6] ; le même jour, le nommé Jonneaux d'Auray essuya deux coups de feu[7].

Voilà les attentats qu'il importait d'empêcher. Hélas ! les vœux du prédicateur ne furent pas exaucés. Le traité de la Prévalaye n'eut qu'une durée éphémère, et la guerre recommença dans toute la Bretagne avec les vengeances privées. Pour ne point sortir de notre sujet, le 11 septembre, un infirmier de l'hospice militaire d'Auray, ayant commis l'imprudence de s'aventurer à Sainte-Anne, fut enlevé

[1] *L.* 810.
[2] Notes de M. Le Bihan.
[3] *L.* 823 et 824.
[4] *Id.*
[5] *L.* 803.
[6] *L.* 823 et 824.
[7] *Id.*

par trois chouans, et il ne dut son salut qu'à l'intercession de quelques femmes[1] ; le 6 décembre, Armel Guyot, commissaire cantonal, fut saisi, en plein jour, au bourg de Pluneret, traîné dans un petit taillis à un kilomètre de distance, massacré et enterré sur place[2].

Ces luttes fratricides ne permettaient guère d'entreprendre de longs voyages. Pendant quelque temps le pèlerinage tomba, et il ne se releva qu'avec le traité du 21 juin 1796, qui avait stipulé la liberté du culte.

II. — INQUIÉTUDES DU MINISTRE.

Les catholiques mirent à profit cette stipulation pour se rendre de toutes parts à la sainte chapelle. Le concours fut immense aux fêtes qui suivirent, si l'on en croit un document du temps, le rapport de Faverot déjà cité : « Depuis les troubles, les pèlerinages avaient cessé, et on était affamé de miracles. Le peuple s'y est donc porté en foule, et on n'a jamais vu une affluence aussi grande que cette année... 20,000 personnes, dit-on, y sont allées[3] ».

Informé de ces rassemblements, le ministre de la police Cochon demanda, le 8 octobre, au commissaire central quelles mesures il avait prises pour en éviter les suites. Faverot répondit hardiment qu'il n'en avait pris aucune : « Je n'ai pas cru, citoyen ministre, qu'il fût dans vos principes d'apporter des entraves à l'exercice du culte quand les actes en sont renfermés *intra parietes* comme ils le sont à Sainte-Anne[4]. »

Ce langage était plus exact que ne le pensait le commissaire. C'est bien *intra parietes*, c'est-à-dire entre quatre murs nus que s'exerçait le culte. L'intérieur de la chapelle était en partie dégradé, les balustrades et les serrures enlevées, les statues brisées[5]. L'extérieur ne paraissait pas en meilleur état, puisque le dôme de la tour

1 *L.* 818.
2 *L.* 811.
3 *L.* 265.
4 *Id.*
5 *L.* 254 et notes de M. Le Bihan.

menaçait ruine et que les royalistes l'avaient dépouillé du plomb qui le garnissait[1].

Cet état misérable, au lieu d'écarter le peuple, semblait l'attirer davantage, au grand étonnement de Faverot, qui posait en incrédule : « C'est sans doute, s'écria-t-il, un scandale aux yeux d'un philosophe » ; mais le philosophe savait s'accommoder aux humaines faiblesses, et respecter chez autrui des croyances qu'il ne partageait pas : « C'était un besoin pour un peuple que la superstition aveugle ; et pourquoi le gênerait-on lorsque la tranquillité publique, loin d'en souffrir, s'affermit au contraire par la liberté qui est laissée à chacun de se livrer aux actes du culte auquel il est attaché ? Je laisse donc un libre cours au pélerinage de Sainte-Anne, et j'ai cru en cela remplir les vues du gouvernement et les vôtres. » Les sentiments particuliers ne sont rien, c'est l'intérêt du pays qu'il convient d'envisager avant tout. Or la fermeture des églises avait jadis provoqué la guerre civile, les mêmes causes produiraient encore les mêmes effets : « il ne faut pas se dissimuler qu'une conduite contraire pourrait entraîner les malheurs les plus graves[2]. »

Laissons de côté les appréciations injurieuses de Faverot qui sentent trop leur époque, et reconnaissons que la franchise dont il usa vis-à-vis du ministre sauva peut-être le pèlerinage. Le ministre en effet se montrait ouvertement hostile aux pèlerinages suscités par le moindre regret du passé, tels ceux qui se faisaient au *Champ des Martyrs* : « Si les dévots n'y étaient conduits que par des motifs de religion, écrivait-il en parlant de ces derniers, on pourrait fermer les yeux sur leurs momeries qui ne seraient après tout qu'un objet de ridicule, mais leur empressement prouve un reste de fanatisme royal et d'attachement pour la mémoire des rebelles[3]. » A Sainte-Anne il n'y avait que des *momeries*, au dire de Faverot ; le ministre n'avait donc aucune raison de les proscrire.

Les *momeries* purent se développer à l'aise en 1797. Les élections

---

[1] *L.* 254 et notes de M. Le Bihan.

[2] *L.* 265.

[3] Le champ des Martyrs est le champ près d'Auray, où des émigrés pris à Quiberon avaient été fusillés. D'après certains rapports, « des fanatiques y allaient faire des prières et suspendre des *ex-votos*... les uns y déposent des béquilles, des cierges et d'autres ouvrages de cire... »

de mai avaient donné la majorité au parti modéré, et chaque jour voyait tomber une des entraves dont souffraient les libertés publiques. Le pèlerinage bénéficia de ce revirement inattendu, et la fête de saint Jean qui arrivait au milieu de ces pacifiques dispositions y vit les fidèles se presser en foule. Le dimanche 25 fut marqué par un incident que nous croyons bon de signaler.

La municipalité de Pluneret assistait aux fêtes, et suivant son habitude, avait fait appel à la gendarmerie afin d'y maintenir l'ordre. Les soldats commandés pour le service portaient sans doute leurs armes ; mais, sous peine d'occasionner des scènes regrettables, il convenait que ce privilège leur fût réservé. Le citoyen Canny, ancien commandant de la place d'Auray, se crut au-dessus du commun des mortels, et il parut à l'assemblée, en costume bourgeois et paré de ses armes. Kerarmel, agent de la commune, fit remarquer avec raison « qu'il serait prudent d'empêcher le militaire hors de service de se trouver armé dans des assemblées aussi tumultueuses. » L'officier reçut mal cette observation ; il déclara qu'il porterait ses armes envers et contre tout, et que, si Kerarmel osait proposer de l'en empêcher, il lui passerait son sabre « au travers du ventre jusqu'à la garde. » La municipalité ne laissa pas tomber un tel propos ; elle lui écrivit le lendemain qu'il pourrait le regretter, et que, s'il ne venait lui en témoigner son repentir, elle le dénoncerait aux ministres de l'intérieur et de la guerre[1].

Les deux ministres n'eurent pas probablement à intervenir. Leurs jours d'ailleurs étaient comptés. Furieux du réveil de la foi qu'ils croyaient anéantie, les jacobins firent le coup d'État du 4 septembre, et de terribles orages surgirent de nouveau à l'horizon. Ce retour subit à la violence ne suspendit pas le concours des pèlerins, mais il amena un casernement.

III. — CASERNEMENT.

Vers la fin de janvier 1798, le commandant de la place d'Auray reçut un avis sur les dangers que présentait le pèlerinage, ou du moins l'absence d'une troupe permanente en cet endroit. Il y crut

---

[1] *Arch. de Pluneret.*

aussitôt, et sans se donner la peine de consulter les municipaux de Pluneret, il leur ordonna de préparer un logement pour 40 hommes, qui devaient arriver le 4 février. Pour les loger, on ne pouvait songer à d'autres batiments que ceux du couvent ; et cependant il ne convenait pas de leur abandonner l'immeuble tout entier, ni de déranger le fermier dans ses travaux de culture, il fallait leur assigner autant que possible des appartements isolés du reste de la maison. Or telle était la situation de la chambre où couchait l'évêque dans ses visites à Sainte-Anne : « En conséquence la municipalité a décidé de prendre la chambre ci-devant de l'évêque, et dont toutes les croisées donnent sur le cloitre qui entoure l'église. Cette chambre est très vaste et peut contenir vingt lits au plus[1]. »

Il n'y avait qu'un inconvénient, l'entrée de la chambre était dans l'intérieur du couvent, mais il était facile de condamner cette porte et d'en ouvrir une autre à l'extérieur pour le service de la troupe. C'est la proposition que le commissaire cantonal Guillon soumit à l'administration centrale, le 2 février, deux jours avant l'arrivée de la garnison annoncée. La dépense, disait-il, serait minime, et au cas que l'administration des domaines ne pût ou ne voulût pas la fournir immédiatement, il demandait l'autorisation d'en faire les avances sur les offrandes de la chapelle[2]. Je ne connais pas la réponse qu'on lui fit, mais il est à présumer qu'elle était favorable.

Guillon n'avait pas demandé la garnison, il l'avait même désapprouvée, la qualifiant d'inutile : mais, puisqu'elle était venue, il décida de l'utiliser pour discipliner le canton et en particulier pour hâter la rentrée des impôts en retard. Plusieurs contribuables devaient encore ceux de l'an V. Le commissaire écrivit, le 2 mars, aux agents des communes de faire publier et afficher leurs noms et de les prévenir « que si dans la décade, ils ne se sont pas acquittés, le commandement de la force armée qui est à Sainte-Anne, a l'ordre expresse d'envoyer garnisaire chez eux[3]. »

Le 28 du même mois, le commandant reçut une autre commission. On l'avertissait « que les émigrés, les voleurs, chauffeurs et

[1] *Archives de Pluneret.*
[2] *Id.*
[3] *Id.*

autres malfaiteurs qui parcourent le département, sont aujourd'hui déguisés en saulniers ou multiers. » Tous ces individus montreraient vraisemblablement un jour ou l'autre leur visage à Sainte-Anne, un des centres les plus importants de la région. Par suite, il avait « à redoubler de zèle et d'activité contre ces monstres, en faisant arrêter tous ceux que la troupe rencontrerait non munis de passeports et dont même les passeports paraîtraient suspects[1]. »

Rien n'indique au juste combien de temps dura le casernement. On sait seulement qu'on l'avait supprimé avant le 24 juillet. Nous en avons la preuve dans une lettre envoyée ce jour par Guillon, commissaire du canton de Pluneret, au général commandant l'arrondissement d'Auray : « Citoyen, écrivait-il, vous êtes sans doute instruit que demain et après demain, il se tient une foire ou assemblée au lieu de Sainte-Anne, à laquelle il se trouve toujours une affluence considérable de personnes de tout sexe. Je pense que pour y faire régner le bon ordre et la tranquillité, un détachement de la force armée y serait nécessaire, n'ayant plus de cantonnement à Sainte-Anne[2]. »

La gendarmerie suffisait d'ordinaire au maintien de l'ordre. Si Guillon cette fois réclama de la troupe, c'est qu'il comptait s'en servir pour « exécuter les lois relatives aux passeports et aux patentes. » En tout cas sa mission était précise, elle avait pour objet de garantir la tranquillité publique ou d'assurer le service des passeports, nullement d'entraver la liberté des pèlerinages et de molester ceux qui bornaient leurs soins à prier.

IV. — FIDÉLITÉ LOCALE.

Le spectacle donné par les pèlerins étrangers était de nature à exercer une heureuse influence sur le peuple d'alentour et à enraciner dans son cœur les sentiments chrétiens que lui avaient légués ses ancêtres. Cette ténacité faisait dire au commissaire Guillon, dans un compte-rendu du 28 octobre 1797 : « Le peuple de Pluneret, ami

1 *Arch. de Pluneret.*
2 *Id.*
3 *Id.*

de la paix, mais sans énergie pour la Révolution, tenant à ses préjugés plus qu'à tout autre régime ; il faudrait des siècles pour lui
faire adopter d'autres principes que ceux de sa religion, en général
il est très insouciant sur le sort de la République[1]. »

Ce rapport et d'autres similaires, qui provenaient des divers cantons, trompèrent les calculs machiavéliques du Directoire, qui
s'était imaginé que pour tuer la religion, il suffirait d'en tuer les
ministres. Dans cette persuasion il avait déclaré aux prêtres une
guerre acharnée, tout en affectant de respecter la liberté du peuple.
Le peuple cependant, grâce à cette liberté relative, se rassemblait
les dimanches et les fêtes dans les églises ou chapelles, pour y réci-
ter des prières en commun[2]. Cet usage se pratiquait dans la plupart
des cantons du Morbihan et en particulier dans celui de Pluneret,
d'autant plus aisément que ces réunions privées ne constituaient
pas, aux yeux du commissaire, l'exercice du culte : « Pas de culte,
écrivait-il en substance, le 2 janvier 1798, à moins qu'on ne veuille
considérer comme culte une prière qui se fait en commun dans
l'église principale de chaque commune, les dimanches et fêtes, mais
où il n'assiste ni constitutionnels ni autres[3]. »

Si le peuple fréquentait avec tant de courage les églises parois-
siales, il n'avait garde d'oublier le chemin qui menait à celle de
Sainte-Anne. A en croire un document du temps, les voisins y
affluaient sans cesse, et elle « leur servait d'oratoire habituellement[4]. » D'après un autre témoignage, les fidèles s'y « réunissaient
le dimanche de toutes les paroisses voisines pour chanter entr'eux
l'office du soir[5]. » C'est donc à Sainte-Anne qu'ils allaient prier de
préférence.

Témoin de ces touchantes manifestations, le commissaire de Pluneret avait raison d'écrire « que le peuple regrette sa religion » ;
mais il avait tort d'ajouter « que le peuple la croit éteinte parce qu'il
est privé de ses prêtres[6]. » Une foi si vive, des prières si ferventes

---

[1] *Arch. de Pluneret.*
[2] L. comptes décadaires, ans VI, VII.
[3] *Idem.*
[4] *Arch. de Pluneret.*
[5] Le P. Martin, *Histoire de Sainte-Anne.*
[6] *L.* Comptes décadaires, ans VI, VII.

devaient donner aux fidèles l'espoir de meilleurs jours, et il semblerait que l'administration locale partageàt ce sentiment.

A voir ces municipaux en certains jours, on eût dit des énergumènes. Le 21 janvier 1798, ils se réunirent dans le temple décadaire et y prêtèrent avec enthousiasme le serment de haine à la royauté et à l'anarchie et d'attachement à la République[1]. L'année suivante leur enthousiasme paraissait déborder. Sur l'invitation de Vincent Rio, président de l'administration cantonale, le commissaire prononça « un discours analogue à la fête du jour avec l'énergie du plus pur patriotisme et à la satisfaction de tous les bons républicains[2]. » La municipalité témoigna la plus vive allégresse, renouvela son serment de haine ; et après des imprécations contre les parjures et une invocation à l'Être suprême, elle sortit du temple pour « assister à la plantation d'un arbre de la liberté qui s'est faite au milieu des chants patriotiques[3]. »

L'anniversaire de la proclamation de la République, qui tombait le 22 septembre, se célébra encore avec plus d'éclat. Au pied de l'arbre de la liberté, on avait dressé à la Patrie un autel « orné de fleurs champêtres et de verdure » avec cette inscription :

Paix à l'homme juste et à l'observateur fidèl des lois.

L'administration assemblée au temple décadaire se mit en marche vers cet autel « avec pompe et décence, en chantant des hymnes patriotiques. » Ce ne fut pas Guillon cette fois qui porta la parole. Le nouveau président Jean-Louis Le Méro fit lui-même le discours « dans l'idiome du païs, » faisant « sentir au peuple toute la solennité que comporte ce jour mémorable. » La prestation habituelle du serment suivit cette harangue et des jeux populaires vinrent couronner le tout[4].

Or cet apparàt ne tirait pas à conséquence. Les municipaux avaient soin de déclarer qu'ils agissaient par ordre, et ils n'en devenaient pas plus fougueux partisans de la république. Le commis-

---

[1] Registre des délibérations de Pluneret (*Arch. de Sainte-Anne*).

[2] *Id.*

[3] *Id.*

[4] *Id.*

saire écrivait d'eux : « Ils sont sages, honnêtes et incapables de mal verser ; mais sont-ils royalistes ? Je l'ignore[1]. » Ces fêtes ne donnaient lieu non plus à aucune profanation ; car le temple décadaire où ils se réunissaient n'était ni une église ni une chapelle, mais tout simplement une chambre du presbytère convertie en salle communale. Ils ne songeaient donc pas à opposer un temple à un autre ni à confisquer au profit des cérémonies républicaines le pèlerinage voisin. Au contraire ils avaient un faible pour ce dernier et le favorisaient de leur mieux. Aussi se célébrait-il en toute liberté si l'on excepte une légère entrave qu'on y avait apportée depuis un certain temps.

A Sainte-Anne se faisait un grand commerce. On y voyait « beaucoup de marchands de bagues, chapelets et jouets d'enfant. » Et quels jours étalaient-ils ? Les dimanches et les fêtes de l'ancien calendrier, jours où le nombre des pèlerins était le plus considérable. Le commissaire n'essaya jamais de s'opposer à ces étalages, ni d'y assigner des jours particuliers. Tout ce qu'il fit, parce qu'un décret récent l'y obligeait, c'était d'empêcher « que cela eût lieu les décadys et jours de fêtes[3] ». Ces jours-là, il y avait chômage obligatoire et défense de tenir boutique à ciel ouvert ; mais comme le commerce devait se pratiquer dans l'intérieur des maisons, les marchands et les pèlerins n'eurent guère à souffrir de cette mesure. Encore la municipalité entreprit-elle de la faire disparaître, du moins aux grands pardons.

Vers le milieu de 1798, l'administration centrale s'occupait de rechercher les foires et les marchés qui se tenaient à jour fixe dans le département, afin d'en dresser un tableau définitif. Le commissaire Guillon lui écrivit, le 20 juin, à ce sujet : « La commune de Pluneret... n'a ni foires ni marchés, à moins qu'on ne veuille donner le nom de foires aux différentes assemblées qui ont lieu à Sainte-Anne. Les principales sont :

[1] *Arch. de Sainte-Anne.*
[2] *Id.*
[3] *Arch. de Pluneret.*
[4] *Id.*
[5] *Id.*

Le 7 mars, ouverture des assemblées ;
Les deux fêtes de la Pentecôte ;
Les 24, 25 et 26 juillet, grande assemblée ;
Le 25 août, clôture des assemblées[1]. »

Le conseil municipal ne se contenta pas de cette indication ; il demanda qu'on inscrivît sur le tableau « les six marchés considérables du lieu de Sainte-Anne[2]. » Cette démarche était pleine de prévoyance, elle équivalait à leur assurer avec la liberté la protection publique.

Par malheur, l'administration centrale n'en tint aucun compte, et loin de prendre « les six marchés » sous son patronage, elle édicta les dispositions les plus rigoureuses contre les réunions non autorisées. Dans deux arrêtés (6 septembre et 20 octobre 1798 qui se complétaient l'un l'autre, elle défendit « qu'aucune marchandise, aucuns bestiaux ne se trouvent réunis ou étalés et exposés en vente à d'autres jours que ceux » indiqués aux tableaux ; en outre, « à tous les citoyens de se réunir pour les marchés à d'autres jours et d'autres lieux fixés, sous les peines prononcées contre les attroupements séditieux[3]. »

Ce règlement était comme une épée de Damoclès suspendue sur le pèlerinage, et le coup qu'on redoutait ne tarda pas à le frapper. »

VIII

Interdiction.

I. — DISPERSION DES PÈLERINS.

Bien qu'en 1798 et au commencement de 1799 on fût en paix, il n'était bruit que de guerre. Un prêtre qui officiait aux environs de Sainte-Anne, avait annoncé à la fin de sa messe, le 17 juillet 1798, « qu'il fallait que les jeunes gens se disposassent à marcher, que s'ils ne s'y prêtaient volontairement, ils y seraient forcés[4]. » Un autre

[1] *Archives de Pluneret.*
[2] *Id.*
[3] *I.* 87.
[4] *L.* 281.

avait déclaré, dans le pays de Pontivy, qu'une grande escadre anglaise allait incessamment débarquer des troupes pour reprendre la lutte contre la République. D'après d'autres rumeurs, un canot avait embarqué à Carnac 16 pilotes chargés de la conduire vers Noirmoutier[1].

Le général Michaud, commandant la 13ᵉ division militaire à Pontivy, connaissait tous ces bruits, et son devoir lui prescrivait de se tenir sur ses gardes. Seulement de pareils rapports avaient besoin d'être contrôlés, et il devait éviter de pécher par excès de précautions. Il ne sut pas se contenir dans la circonstance. Ayant ouï dire qu'une assemblée avait lieu le 12 mai à Sainte-Anne, et que la chouannerie allait profiter de l'occasion pour « lever l'étendard de la révolte », il eut peur, communiqua ses craintes, le 8 mai, à l'administration départementale et la pria de prendre les dispositions les plus propres à empêcher le rassemblement[2].

Celle-ci se réunit, le vendredi 10, pour délibérer sur la demande du général. Il était vraiment temps, la fête devant commencer le lendemain, samedi de la Pentecôte ; mais la rédaction d'un arrêté prohibitif ne pouvait coûter beaucoup, il était déjà prêt, puisqu'il suffisait d'appliquer à ces pieuses assemblées les articles relatifs aux foires, dont nous avons parlé ; et c'est ce qu'on fit en effet.

L'administration :

« Informée qu'il doit s'opérer, le 12 de ce mois, une réunion assez considérable d'individus au village connu sous le nom de Sainte-Anne, arrête... ce qui suit :

Défenses sont faites à tous individus de se rassembler à l'avenir, à quelque époque que ce soit, audit lieu de Sainte-Anne... le tableau annexé à l'arrêté du 29 vendémiaire n'y établissant ni foire, ni marché ;

L'administration municipale, le juge de paix et tous autres officiers de police feront interdire et même fermer tous locaux destinés jadis aux réunions ;

Le commandant de la gendarmerie nationale du département est

[1] L. 281.
[2] L. 293.

requis de prêter main forte aux administrateurs et officiers de police du canton :

Tous individus qui se permettraient d'enfreindre les dispositions ci-dessus ou qui voudraient s'y opposer, seront arrêtés sur-le-champ par la force armée, et conduits devant le tribunal de police pour y être condamnés aux peines prononcées » en pareil cas ;

Expédition du présent sera adressée sur-le-champ au général Schilt qui est prié et requis de faire les dispositions militaires, que la prudence lui suggérera, afin de prévenir, arrêter ou dissoudre tous rassemblements quelconques, ainsi que de procurer à l'officier de gendarmerie tout supplément de force qui sera jugé nécessaire, pour assurer l'exécution de ce présent[1]. »

Dès la réception de l'arrêté, le général Schilt le transmit au commandant d'Auray, avec ordre d'y tenir rigoureusement la main : « Ce moyen, disait-il aux administrateurs, dissipera la crainte qu'a conçue le général Michaud à l'égard du rassemblement[2]. »

Que l'emploi de la force vînt à bout des pèlerins, cela n'était pas douteux, mais il était à craindre que leur dispersion n'amenât des complications. Cette éventualité préoccupait vivement l'administration centrale, qui redoutait à bon droit une émeute. Pour la prévenir, elle donna les plus sages avis au capitaine de gendarmerie, lui rappelant « que pour ces sortes d'exécutions, il faut encore plus de douceur et de prudence que de courage et de fermeté, » et protestant d'ailleurs qu'elle se confiait entièrement « dans son civisme et son zèle à remplir ses devoirs[3]. » Le zèle et le civisme des différents chefs lui faisaient espérer, comme elle l'écrivit au général Michaud, que l'arrêté serait exécuté « avec cette sagesse qui prévient toute commotion et empêche l'incendie de naître[4]. » Son espoir se réalisa : « La foule des oisifs pèlerins fut repoussée par les soldats de la garde nationale d'Auray, sans choc ni violence[5] », en sorte qu'on ne donna aucune occasion à l'*incendie de naître*.

[1] *L.* 293.
[2] *Id.*
[3] *Id.*
[4] *Id.*
[5] *Id.*

Capitaines et commandants exécutèrent l'ordre sans mot dire. Il
n'en fut pas de même de Guillon, commissaire cantonal de Pluneret,
qui s'éleva vigoureusement contre une prohibition aussi peu rai-
sonnable : « Depuis trois ans que j'exerce la fonction de commissaire,
s'écriait-il le 14 mai, au lendemain des fêtes, toutes les réunions
qu'on pourrait appeler foires... se sont passées sans trouble et sans
bruit. Les officiers municipaux, moi et la brigade de gendarmerie
d'Auray, y avons maintenu l'ordre et la police, rarement y avons-
nous ajouté un petit détachement de la force armée, et cependant
vous n'en avez reçu aucune plainte ; la même chose eût été cette
année et j'en aurais répondu sur ma vie.[1] »

Il trouvait surtout fâcheux que l'arrêté fût pris si tard. C'est
quinze jours auparavant qu'il aurait dû être publié aux environs
d'Auray, et, autant que possible, dans toutes les communes du département. Cette publication aurait retenu chez eux bien des pèlerins,
et rendu moins périlleuse la dispersion de ceux qui seraient venus.
Puis elle eût évité des frais et des dépenses qui pesèrent « d'une
manière vraiment affligeante » sur plus de trois cents personnes
des cantons environnants. Aubergistes, cabaretiers, boulangers,
petits marchands quincaliers et autres s'étaient munis de patentes,
avaient payé des loyers considérables et fait des provisions immen-
ses en pain, vin, marchandises de toutes sortes sur le débit desquelles
ils comptaient réaliser quelques bénéfices. Qu'en résulta-t-il ? « Le
tout a été en pure perte pour eux, faute d'être prévenus plus tôt.[2] »

Ces lamentations n'empêchèrent pas le capitaine de gendarmerie
d'établir un poste à Sainte-Anne, et de partir pour Vannes avec les
clefs de la chapelle, et grâce à ces précautions, il ne doutait pas
d'avoir coupé court à toutes les difficultés. Or à peine était-il rentré
à son domicile que la chapelle fut violée par ceux qu'on devait le
moins soupçonner.

[1] *L.* 293.
[2] *Id.*

II. — VIOLATION DE LA CHAPELLE.

Les soldats du poste étaient au courant des habitudes locales. Ils savaient que le pèlerinage avait une grande importance et que les fidèles n'y venaient jamais sans laisser après eux quelques offrandes. L'espoir de s'enrichir à peu de frais tenta leur cupidité, et ils succombèrent à la tentation. Dans la nuit du 13 au 14, ils enfoncèrent un panneau de la fenêtre située au-dessus du grand autel et pénétrèrent dans la chapelle. Ils y commirent beaucoup de dégâts, brisant les troncs et mettant la main sur tout ce qu'il était possible d'emporter.[1] Le chef du détachement ne saurait être mis en cause. Au contraire, cette nouvelle l'affecta singulièrement ; mais, « que peut faire l'honnête homme lorsqu'il se trouve à commander des hommes sans frein et sans mœurs[2] ? ». Il en était autrement de la sentinelle dont la responsabilité ne faisait aucun doute, le crime s'étant perpétré sous ses yeux et avec sa connivence.

Le juge et les municipaux n'en furent pas plutôt informés qu'ils se rendirent sur les lieux avec l'intention de dresser procès verbal[3] ; seulement il était difficile de le dresser d'une manière complète sans entrer dans la chapelle. Or si la fenêtre était brisée, les portes demeuraient bien closes, et il ne restait aucun moyen de les ouvrir, les clefs étant à Vannes. C'étaient donc les clefs qu'il fallait tout d'abord se procurer. Le président de l'administration cantonale, Le Méro, alla les demander aux administrateurs du département, persuadé qu'elles ne lui seraient pas refusées. Le commissaire central, qui les détenait, fut d'un avis contraire. Il répondit le 16 mai, de Plœrmel où il se trouvait, au commissaire de Pluneret, que dans un cas aussi pressant, il ne voyait « aucun inconvénient à ce que, pour rapporter procès-verbal, les officiers publics et experts qui y vacqueront passent par le même endroit où on a déjà passé pour s'introduire dans la dite chapelle[4]. »

[1] *Arch. de Pluneret.*
[2] *Id.*
[3] *Id.*
[4] *L.* 284.

Le conseil était facile à donner, il ne l'était pas à suivre et les administrateurs de Pluneret avaient envie de croire qu'on se moquait d'eux : « Il ne serait pas de la décence qu'ils pénétrassent dans la chapelle par la même voie dont se sont servis les malfaiteurs quand même elle n'offrirait aucun danger pour eux, ce qui n'est pas, car les fenêtres sont très élevées[1]. » Le suppléant du commissaire central était venu les trouver, s'imaginant qu'il triompherait de leurs résistances. Toutes ses instances furent inutiles[2]. Pour ménager tout ensemble leur dignité et leur vie, ils s'obstinèrent à rester à terre, attendant d'entrer par la porte.

L'administration centrale consentait cependant à leur livrer les clefs, pourvu qu'après la vérification des dégâts elles fussent renvoyées à Vannes. Cette condition répugnait au commissaire, qui redoutait de devenir victime des vengeances populaires : « Il suffirait qu'on les eusse vues une seule fois en mes mains pour persuader à tout le peuple que je les retiendrai de mon autorité, et bientôt peut-être on m'égorgerait pour les avoir. Non, ce n'est pas la peine. Gardez-les tant que vous jugerez qu'il est de votre prudence de les retenir. Vous êtes plus éclairés que moi[3]... »

La justice ne pouvait donc constater que les dégâts commis à l'extérieur. Les dégradations de l'intérieur se laissaient, il est vrai, apercevoir par le trou de la serrure d'une des petites portes latérales. Par exemple, on remarquait, au milieu de la chapelle, des troncs brisés et jetés çà et là ; mais sur une perception aussi insuffisante, personne ne voulut rédiger le rapport, en sorte qu'au 28 mai les choses « étaient restées toujours in statu quo[4]. » Il n'en devait plus être longtemps ainsi.

Le bruit avait couru à Vannes, dès le 25, que les portes étaient brisées et ouvertes. Le commissaire cantonal, qu'on en avait avisé, se transporta le 27 sur place afin de le vérifier. Il était sans fondement : « les portes de la chapelle sont clauses et nulle d'elles n'a éprouvé la plus légère fracture[5]. » Il faisait d'ailleurs observer que

---

[1] *Arch. de Pluneret.*
[2] *Id.*
[3] *Id.*
[4] *Id.*
[5] *Id.*

rien n'était plus facile à ceux qui entreraient par la fenêtre dans la chapelle, que d'en ouvrir la porte principale sans la briser, il suffirait de débarrer les sergents qui la tenaient serrée.

Un mois s'écoula, aucune alerte ne se produisit, et Guillon vivait heureux à Auray, où il avait son domicile. Ce repos fut troublé le 2 juillet. Vers onze heures du matin, des habitants de Sainte-Anne l'avertirent que la chapelle avait été ouverte dans la nuit du 3o juin, et qu'on y entrait à volonté[1]. Il s'y rendit à l'instant, accompagné du président de la municipalité et de l'adjoint de Pluneret, et le premier coup d'œil le convainquit que les choses s'étaient passées comme il l'avait prévu. Un *malveillant* s'était introduit par la fenêtre et avait ouvert le portail en levant les deux sergents qui le barraient à l'intérieur. Il le fit fermer aussitôt, et la personne chargée de ce soin ressortit fort aisément ; car, de l'intérieur, il lui était « aussi facile d'atteindre cette fenêtre que de monter un degré », et une échelle placée à l'extérieur facilita sa descente jusqu'à terre[2]. Bien que le commissaire attribuât le fait à la malveillance « pour nuire aux habitants du lieu .. il tonna contre cette infraction aux ordres supérieurs », recommandant « la surveillance la plus active pour que pareil inconvénient n'arrive plus, s'ils ne voulaient pas en être les dupes[3]. »

S'il craignait des ennuis pour les citoyens de Sainte-Anne, il n'en redoutait pas moins pour lui-même et pour les municipaux de Pluneret ; n'irait-on pas jusqu'à les rendre responsables « d'espiègleries », qu'il serait aisé de renouveler chaque jour ? Voilà une situation, par exemple, qu'il refusait d'admettre : « Non, citoyens, votre intention n'est sûrement pas de nous constituer gardiens permanents d'un lieu qu'en mon particulier je voudrais voir anéanti ou à cent lieues de ce canton[4], » surtout depuis l'arrêté du 10 mai relatif à l'interdiction du pèlerinage. Cet arrêté faisait le désespoir du commissaire, qui en combattit le maintien par tous les arguments que la raison, l'expérience et l'intérêt du pays lui fournissaient.

[1] *Arch de Pluneret.*
[2] *Id.*
[3] *Id.*
[4] *Id.*

III. — PLAIDOYER DU COMMISSAIRE CANTONAL.

A l'en croire, le grand tort des administrateurs était de n'avoir pas porté sur le tableau des foires et marchés du département les fêtes principales de Sainte-Anne, comme l'avait proposé la municipalité de Pluneret. On objectait les dangers que constituaient de pareils rassemblements pour la tranquillité publique ; étaient-ils plus à craindre que ces foires isolées qui se tenaient à Grand-Champ, à Péaule, à Melrand, et en d'autres localités situées au fond des terres? Ils l'étaient beaucoup moins, en raison du voisinage de la ville d'Auray toujours défendue par une bonne garnison. L'avis qu'il émettait présentait un double avantage : l'un de favoriser le commerce qui se montait en ce petit endroit à plus de 60,000 livres : « vous ne voudrez pas changer en désert un lieu qui offrait à ce canton tant de ressources [1] »; l'autre, de préparer peu à peu la ruine d'une institution qui prenait sa source dans l'ancien paganisme même. Pour obtenir ce résultat, écrivait-il le 14 mai, il suffirait « qu'à ces jours destinés au commerce et à l'industrie, les portes de la chapelle soient clauses[2]. » Voilà, ajoutait-il avec conviction, « l'infaillible moyen de détruire peu à peu et sans secours révolutionnaires des abus que plus de trois siècles n'ont pu qu'accroître... ce serait s'abuser de croire que d'un seul coup d'autorité on détruira, « l'instant même, des préjugés aussi enracinés. Le temps et la patience en viendront seuls à bout[3]. »

Alors même que « cette dévotion fanatique » résisterait à toutes les attaques, le commissaire en prenait aisément son parti. Il aimait les libertés qui ne nuisent à personne, et celle-là était du nombre : « Abstraction faite des petites momeries d'un peuple ignorant, quel mal y courait-il[4] ? » Puisqu'il n'y avait aucun mal, il n'y avait aucune raison de s'y opposer : « Sans être fanatique, disait-il le 5 juillet, je plaiderai toujours la cause de toutes les sectes persécutées,

[1] *Arch. de Pluneret.*
[2] *Id.*
[3] *Id.*
[4] *Id.*

et je regarderai comme une vraie tyrannie l'affectation de choquer les différentes opinions religieuses des hommes, et plus particulièrement encore celles d'hommes aussi simples que le sont en général nos païsans…. Le peuple ignorant se plaisait à fréquenter ce lieu, il y faisait consister une sorte de bonheur ; croyez-vous qu'en l'en éloignant par la force et à coups de bayonnettes, on ajoutera quelque chose de plus aux jouissances futures que lui assure la liberté ? Je n'en crois rien, car la persécution ne fait qu'irriter et rarement elle corrige ; et si donc ils ont eu le malheur de se tromper dans leurs préjugés, ce ne sera certainement pas par la violence qu'on les dissuadera de leurs erreurs[1]. »

Cette conduite n'avait pas même pour elle l'excuse de la légalité, elle respirait purement l'arbitraire. Aux termes de la Constitution tous les cultes étaient libres, et seul le culte catholique ne l'était pas ou ne l'était qu'au gré des administrateurs. Le département comptait beaucoup de fêtes patronales sur lesquelles on fermait les yeux ; pourquoi le village de Sainte-Anne serait-il le seul lieu où la même fête fût interdite[2] ?

Une pareille intolérance aurait d'ailleurs un effet directement contraire à celui qu'on en attendait, car, au lieu d'anéantir le pèlerinage, elle contribuerait à l'affermir : « Je mets en fait que plus on employera de rigueur et d'autorité pour le détruire et plus il se maintiendra. La persécution irrite mais ne corrige point. Qu'on ferme la chapelle, qu'on la réduise en cendres, si l'on veut, la place restera toujours et toujours sera fréquentée par le seul motif qu'on veut soustraire ce lieu aux hommages et à la vénération du peuple. Ce n'est donc que par le temps qu'on viendra à bout de bannir de ce coin isolé la foule qui l'assiège et qui l'assiégera toujours dès que vous n'aurez plus de bayonnette à lui opposer[3]. »

Le plus sage était donc de laisser faire le temps, c'était aussi le seul moyen d'éviter quelque malheur : « S'opposer si brusquement à un usage religieux aussi antique, c'est provoquer l'insurrection et le désespoir, et exposer les administrateurs du canton à en être les

____

[1] *Arch. de Pluneret.*
[2] *Id.*
[3] *Id.*

victimes. Car le peuple, qui ne raisonne pas toujours très conséquemment, ne manque jamais de jeter tout le blâme et la première récrimination sur ceux qui dirigent médiatement pour lui les affaires du canton et de la commune. Il ne dit pas : les municipaux et le commissaire, d'après des ordres supérieurs, ont fait fermer la chapelle, mais seulement qu'ils l'ont fermée eux-mêmes en se faisant aider de la force armée. De ces propos que la méchanceté ne manque pas d'envenimer, naissent des haines et des réactions funestes à ceux qui n'ont écouté que la voix du devoir[1]. »

Ces idées de meurtre hantaient son esprit. On a vu plus haut que, par peur d'être assassiné, il avait refusé les clefs de Sainte-Anne. Dans une autre occasion où il dénonçait, avec la violation de cette chapelle, la profanation de l'église de Plougoumelen, il s'écriait : « Si les autorités constituées ne s'opposent pas à de pareils délits ou n'en poursuivent pas les auteurs, c'est provoquer l'insurrection dans nos campagnes ; c'est exposer les fonctionnaires publics, tels que les commissaires et les juges de paix, à devenir incessamment les victimes de gens poussés à bout et qui ne verront en nous que des ennemis jurés de leur culte et de leur religion[2]. » Ces considérations devaient d'autant plus peser sur les administrateurs du département que l'esprit de la campagne était loin d'être favorable au régime : « Nous n'avons malheureusement que trop de mécontents, pourquoi chercher à en multiplier le nombre par des tracasseries inutiles[3] ? »

Le mécontentement était si réel, que des citoyens lésés dans leurs intérêts matériels colportaient une pétition dans le but d'obtenir la réouverture de la chapelle : « Vous n'y serez pas indifférents[4], » gémissait le commissaire. Pétitions, raisonnements et supplications échouèrent devant l'obstination de l'administration centrale.

IV. — OBSTINATION DE L'ADMINISTRATION CENTRALE.

Non que l'administration ne fût d'accord au fond avec le commissaire cantonal. Elle approuvait ses principes sur la tolérance religieuse, estimait que « la persécution ne fait qu'irriter le fanatisme

[1] *Arch. de Pluneret.*
[2] *Id.*
[3] *Id.*
[4] *Id.*

au lieu de l'éteindre[1] », réprouvait la violation de la chapelle par les militaires.... Seulement elle lui reprochait de mal juger la position où elle se trouvait, relativement « aux réunions populaires de la trop célèbre chapelle[2]. »

Le cas pourtant paraissait bien simple. Le Morbihan était travaillé par des agitateurs royaux, ou plutôt par des hommes indifférents à tous les partis, « pourvu qu'ils pillent et qu'ils tuent[3]. » De tels hommes, sous prétexte de prier se seraient empressés de se rendre à Sainte-Anne et de pousser à des excès condamnables. Or le chef militaire, au moindre désordre, aurait frappé la commune d'un châtiment très grave : ne valait-il pas mieux prévenir le mal que d'avoir à le réprimer ? Dans des conjectures aussi critiques, il était difficile de ne pas déférer aux avis du général Michaud, qui avait annoncé qu'une révolte éclaterait pendant les fêtes, « et l'on sait qu'une étincelle peut occasionner un grand incendie[4]. »

Le maintien de l'arrêté avait donc sa raison d'être, ce maintien ne s'expliquerait plus le jour où le calme serait revenu dans les esprits : « Assurez vos administrés, écrivait le commissaire central, que l'église de Sainte-Anne sera ouverte aussitôt qu'on pourra le faire sans danger. Dites-leur que si on le faisait aujourd'hui, les malveillants profitant de l'espèce d'opposition qu'ils ont éprouvée, s'y jetteraient en foule, poussant devant eux un grand nombre d'individus qui pourraient devenir coupables sans avoir l'intention de l'être. Nous espérons que les hommes de bonne foi sentiront la justesse de ces observations et approuveront la continuation d'une mesure à laquelle dans toute autre circonstance nous aurions tous refusé d'acquiescer[5]. »

Ces lignes sont du 5 juillet 1799. De ce jour au 26, fête patronale, il y avait du temps, et l'on espérait que dans l'intervalle une heureuse circonstance permettrait de revenir sur cette malencontreuse détermination. Il n'en fut rien, mais aussi on n'y gagna rien.

[1] *L* 293.
[2] *Id.*
[3] *Id.*
[4] *Id.*
[5] *Id.*

Bravant toutes les défenses administratives, le peuple accomplit le pèlerinage avec son empressement accoutumé, et ceux qui arrivèrent dès le 25 eurent la chance de trouver la chapelle ouverte[1]. Elle ne tarda pas à être fermée par le commissaire et le président du canton, venus à dessein pour examiner la situation. L'arrêté n'ayant pas été rapporté, ils entendaient qu'il fût strictement exécuté. Puis, quand ils auraient voulu user de modération, cela n'était pas en leur pouvoir; le même jour, ils recevaient de Vannes l'ordre formel de réprimer « tout rassemblement illicite[2]. » En l'absence de Guillon, empêché par la maladie de sa fille, ce fut Le Méro à qui incomba cette désagréable besogne.

Le 26, à six heures du matin, il arrivait au village; le chef de bataillon Esnoult, le capitaine Paris, le lieutenant de grenadiers Beaugendre et le juge de paix Kerarmel l'y attendaient déjà. Après avoir conféré ensemble, ils se dirigèrent vers la chapelle, envahie par une foule d'hommes et de femmes en prières. C'est que dans la nuit des *malveillants* avaient de nouveau pénétré par la fenêtre brisée et débarré la porte, qui s'ouvrit joyeusement devant les pèlerins : « A l'instant, dit le procès-verbal, l'un de nous s'est avancé au milieu de la foule, et après avoir fait connaître que nul rassemblement ne pouvait être permis ou toléré, nous avons intimé à ce peuple qu'il eût à se retirer sur-le-champ sans résistance et sans bruit, ce qui s'est effectué aussitôt[3]. » Deux ou trois marchands, qui avaient établi leurs boutiques, eurent l'ordre de les enlever et de vider la place; le commandant de la force armée mit des factionnaires aux portes de la chapelle et du cloître, qui furent refermées avec le plus grand soin. Néanmoins l'affluence du peuple dura tout le jour, et ce n'était que vers six ou sept heures du soir qu'elle se fut « totalement dissipée[4] ».

Cette « périlleuse journée », pour emprunter les termes du rapport officiel, fournit au commissaire une belle occasion de reprendre son plaidoyer : « Jamais, s'écriait-il le 29, les officiers munici-

---

[1] *Arch. de Pluneret.*
[2] *Id.*
[3] *L.* 295.
[4] *Id.*

paux ni moi ne parviendrons, même au péril de nos vies, à soustraire ce lieu au fanatisme qui l'assiège, à moins que vous ne
preniez le parti d'en faire maçonner les portes ; et encore, si un
cantonnement permanent de troupes de ligne n'y séjourne, je ne
serais pas surpris que le moyen fût insuffisant[1]. »

Quant à l'ouverture des portes, le commissaire ne savait à qui
l'attribuer. Ses soupçons tombèrent moins sur les habitants du
village que sur les *fanatiques* étrangers qui abondaient en cet
endroit. Ce qui l'empêchait d'accuser les premiers de ce méfait,
c'est qu'ils ne pouvaient manquer d'en être tôt ou tard les victimes.
Aussi chaque fois qu'il faisait fermer « cette malheureuse chapelle », avait-il soin de leur en recommander la surveillance, en
« leur pronostiquant tous les malheurs que leur insouciance ou
leur complicité attireraient sur eux[2]. »

Le fermier du couvent Kerarmel se sentait-il atteint par cet
avertissement ? On le dirait en le voyant consigner au procès-verbal
qu'il n'avait jamais été chargé de la chapelle, que les administrateurs lui avaient souvent défendu de s'en mêler « directement ou
indirectement » ; que de fait il ne s'en est jamais mêlé « de près ni
de loin : qu'elle n'a jamais été décorée par lui ni par personne de
sa maison, et qu'aucunes clefs ne lui furent jamais remises[3]. »

Ces déclarations de Kerarmel sont curieuses et instructives : elles
montrent que des personnes pieuses, non contentes de prier à la
chapelle, se faisaient en outre un devoir et un bonheur de la déco-
rer ; elles témoignent également que la vente de cet édifice et de ses
dépendances immédiates, comme je l'ai déjà marqué, n'avait guère
eu lieu que pour la forme ; que ni le fermier ni l'acheteur n'y
exerçaient aucun droit, attendu qu'ils n'en avaient jamais reçu les
clefs. Et qui donc les possédait avant les incidents ci-dessus racon-
tés ? Les citoyens nommés par le district d'Auray ou par le département, pour recueillir les offrandes que, pendant toute la durée de
la Révolution, les pèlerins ne cessèrent de verser dans la chapelle,
le cloître et les sacristies.

[1] *Arch. de Pluneret.*
[2] *Id.*
[3] L. 295.

XI

Offrandes.

I. — ATTRIBUTION AUX PAUVRES DU DISTRICT

Tant que les Carmes vécurent en communauté, il est probable qu'aucun changement ne s'opéra dans le mode de perception des aumônes faites par les pèlerins. Après leur départ, il fallut chercher un homme qui consentît à les remplacer. Cet homme était tout trouvé, c'était le sieur Guyot, chirurgien à Sainte-Anne. Par un arrêté du 1er janvier 1793, l'administration du district d'Auray le chargea de faire vider les troncs toutes les semaines et d'en remettre le montant au district[1].

Ces oblations ne pouvaient avoir la destination des impôts ordinaires, mais rien n'empêchait de les affecter à des œuvres de bienfaisance, et c'est la solution qui prévalut. Le Directoire décida de les « verser dans le sein des pauvres du district[2] », qu'il appelait dans une autre occasion « cette portion si favorable de l'humanité[3] ».

Les patriotes devaient sourire de la générosité des pèlerins ; ils ne laissèrent pas néanmoins de l'exploiter à leur profit, et dans les patrouilles qu'ils faisaient à travers les campagnes, leur premier soin était de courir aux chapelles et d'en visiter les troncs : « Citoyens, écrivait Laity le 20 octobre 1794, dans les différentes courses faites dans les campagnes par la force armée à la poursuite des brigands et des déserteurs, des commissaires de l'administration ont sauvé du naufrage une somme de 3514 livres 17 sols, six deniers, provenant des offrandes des chapelles de Sainte-Anne et autres du district, dont 133 livres 12 sols, 6 deniers en monnaie billon et le surplus en assignats[4]. »

[1] L. 801
[2] *Id.*
[3] *Id.*
[4] *L.* 803

Cet argent était resté entre les mains du citoyen Boulaire, concierge du district, qui ne se hâtait pas, on ignore pourquoi, de s'en dessaisir. Laity n'entendait pourtant pas qu'il en bénéficiât, et il porta plainte auprès des membres du Directoire : « C'est un bien mobilier national de première origine. Je requiers que vous arrêtiez que par le citoyen Boulaire cette somme soit versée à la caisse du district sur-le-champ...[1] »

Toutes les offrandes ne tombaient pas dans cette caisse. Si l'on en croit certain document, quelques particuliers possédaient, depuis la sortie des religieux, les clefs d'une porte latérale de la chapelle et des troncs, de manière à s'approprier les aumônes dont ils disposaient à leur gré[2]. Depuis le 27 décembre 1795, les deux collecteurs étaient Jean Boquet de Tormor, et Joseph Le Métayer, mercier à Sainte-Anne[3]. Blavec, officier de l'état civil, les avait chargés par écrit de recueillir les offrandes « et d'en disposer en faveur des pauvres de toutes les paroisses environnantes, de faire toutes les réparations nécessaires pour l'entretien, propreté et sûreté de la chapelle[4]. »

Ils s'acquittaient scrupuleusement de leur mission, sans en rendre compte à personne. Cette gestion privée n'était pas du goût du département, qui profita de la vente du couvent pour régulariser de nouveau la perception et la distribution des offrandes.

II. — ATTRIBUTION AUX PAUVRES DU CANTON

La destination restait la même, le soulagement des pauvres ; mais, au lieu de comprendre tous les pauvres du district, la distribution se limitait désormais à ceux du canton, composé des communes de Pluneret, Plumergat et Plougoumelen. L'administration continuée du district d'Auray avait à nommer les receveurs ; il lui appartenait aussi de reviser leurs comptes, sauf à les soumettre ensuite à l'approbation du département (5 Juillet 1796).[5]

Cette disposition ne demeura pas lettre morte. Le 22 du même

[1] *L.* 803.
[2] *L.* 804.
[3] *Arch. de Sainte-Anne.*
[4] *Id.*
[5] *L.* 111.

mois, le district nommait « le citoyen Jean Neveu, cultivateur demeurant à Sainte-Anne, pour la perception des aumônes et offrandes de toutes espèces qui seront déposées soit dans la chapelle soit dans tout autre lieu de la dépendance de Sainte-Anne ;

» Dans les jours où l'affluence des citoyens ne lui permettra pas de suffire seul à ladite perception, il est autorisé à s'adjoindre tel autre citoyen probe et honnête qu'il croira propre à l'aider ;

» Le commissaire ou son adjoint auront soin de recueillir chaque jour avant la nuit le produit des offrandes et de les déposer dans un lieu sûr, et il enregistrera également chaque jour les sommes ou tels autres effets qu'il aura recueillis dans la journée,

» Chaque décade, il rendra compte à l'administration de ce qu'il aura reçu en tous genres[1]. »

Et pour empêcher certains particuliers d'entrer dans la chapelle et de vider les troncs à leur fantaisie, le citoyen Jean Neveu fut autorisé à faire changer les gardes des serrures et à prélever les frais de ce travail sur les fonds qu'il recueillerait, après en avoir fourni la note à l'administration[2]. »

Les particuliers visés dans le paragraphe précédent n'étaient autres que Jean Boquet et Joseph Le Métayer, dont il a été déjà question. Jean Neveu ne tint pas à les remplacer, et ils continuèrent d'agir comme si de rien n'était. Près d'un an s'écoula ainsi lorsque, le 1er août 1797, ils furent dénoncés au commissaire central « de s'être emparés des sommes considérables que la crédulité a versées dans les troncs établis dans l'ancienne chapelle de Sainte-Anne ou dans les environs[3]. »

Dès le lendemain la dénonciation fut communiquée au commissaire cantonal de Pluneret ; celui-ci à son tour en informa la municipalité de l'endroit et aussitôt il fut enjoint aux deux accusés de se rendre à la chambre communale, et « surtout d'apporter avec eux les clefs de la chapelle et des troncs . » Ils les apportèrent le 14, et mis en demeure de justifier leur conduite sous peine d'être poursuivis comme « spoliateurs du patrimoine des pauvres[4] », ils promirent

[1] L. 111.
[2] L. 804.
[3] L. 273.
[4] *Arch. de Sainte-Anne.*

de présenter leurs comptes, le 20 suivant. Ils tinrent leur promesse mais ces comptes se ressentaient du peu d'ordre qui régnait dans leur gestion : « Au demeurant, écrivait le commissaire, ils sont connus pour honnêtes et incapables d'avoir abusé de la confiance aveugle qu'il paraît qu'on avait dans leur probité. L'un ne sçait ni lire, ni écrire, et l'autre sçait à peine mettre sa signature. D'après cela, vous jugez qu'on ne peut tirer à rigueur vis-à-vis de deux êtres qui dans le fait se croyaient autorisés à remplir cette mission[1]. »

Dans la même séance du 20 août, ils furent remplacés par Louis Le Méro de Kérizan, Pierre Rio et François Le Neveu aîné, de Sainte-Anne[2], « trois citoyens probes, solvables et sachant lire et écrire, qui sous la surveillance de l'agent de Pluneret et de son adjoint, tiendront des comptes plus en règle que leurs prédécesseurs et ne pourront rien disposer des offrandes sans l'ordre exprès de l'administration du canton, à laquelle ils rendront compte de leur recette toutes les décades[3]. »

Le tout devait être approuvé par l'administration centrale. Le commissaire de Pluneret se promit du reste d'assister de temps en temps à l'ouverture des troncs, pour s'assurer par lui-même « de leur contenance future afin de faire la comparaison avec le produit des recettes antérieures[4]. »

Le produit des recettes n'était pas à beaucoup près ce qu'on en publiait. Veut-on savoir à combien il montait ? D'après le compte de Jean Boquet et de Joseph le Métayer, leur recette depuis 18 mois s'élevait à 2131 fr. 15, et leur dépense à 1708 fr. 15 ; partant la somme disponible était d'un peu plus de 420 fr.[5]. D'autre part un brouillon du compte rendu de 1796, que Guillon avait eu sous les yeux après les fêtes, portait la recette à 150 fr. et la dépense à 50[6]. D'où provenait cette maigreur des recettes, alors que le pèlerinage se trouvait encore florissant ? Le commissaire n'était pas homme à

---

[1] *Arch de Pluneret*, (Correspondance du comm. cantonal).
[2] *Arch. de Sainte-Anne*.
[3] *Arch. de Pluneret*.
[4] *Id.*
[5] *Id.*
[6] *Id.*

s'y tromper : « Il ne faut pas se le dissimuler, écrivait-il tristement le 11 août 1797, l'absence des moines et de la petite statue surtout a bien ralenti la générosité des crédules[1]. »

Malgré ce ralentissement, il exigeait que l'arrêté de l'administration fût exécuté dans toute sa teneur. Il le fut effectivement, l'année suivante, par les nouveaux receveurs ; depuis, « la guerre civile ayant tout désorganisé. il n'a plus été question de commissaires comptables, et le peu de liards qui se versaient dans les troncs n'étaient pas suffisants pour le soulagement des pauvres de la commune[2]. »

Les *liards* n'allaient pas toujours à cette destination. Parmi les pèlerins de Sainte-Anne, quelques uns pensaient qu'au lieu d'enrichir la chapelle de leurs offrandes, mieux valait s'enrichir eux-mêmes en s'emparant de ses trésors. C'est ce qui arriva notamment en octobre 1802, et si leur tentative fut couronnée de succès, c'est que les grilles de fer qui protégeaient autrefois les fenêtres, avaient été enlevées par ordre du district d'Auray. Le maire de Pluneret en avisa, le 12, le préfet : « Citoyen préfet. il importe pour la sûreté des offrandes que ces grilles soient promptement replacées... Je vous prie de me donner l'autorisation de prendre pour cette dépense des fonds qui sont destinés au soulagement des pauvres[3]. »

En ce moment les fonds suffisaient amplement à la réparation demandée. Du 21 avril 1801 au 22 novembre 1802, les offrandes avaient produit 6950 livres[4]. Le maire déclara dans une lettre au préfet, que l'emploi en avait été fait conformément à l'usage. Ce qu'on a quelque peine à comprendre, vu qu'à cette dernière date du 22 novembre, il existait dans les caisses de l'administration une somme de 5993 liv. 8 sols tournois[5].

[1] *Arch. de Pluneret.*

[2] *Id.*

[3] *Id.*

[4] *Id.*

[5] *Id.*

III. — ATTRIBUTION AU DÉPARTEMENT

L'emploi de cet encaisse était tout indiqué, il n'y avait qu'à observer les anciens règlements. Le préfet ne jugea pas à propos de s'y conformer, et le 23 décembre 1802, il répartit cet argent de la manière qui suit :

« 1° Il sera prélevé une somme de 600 fr. qui sera employée aux fermetures de la chapelle, aux réparations des grillages et des troncs, et le surplus aux réparations du chemin qui conduit d'Auray à Sainte-Anne .. 2° des 5393 fr. 08, le quart 1348 fr. est mis à la disposition de la municipalité, pour être employé au besoin des pauvres du canton, soit par des secours à domicile dans le cas de nécessité, soit par des travaux utiles auxquels ils puissent concourir, telles que les réparations des chemins, la filature et autres objets ; et le surplus 4045 sera versé dans la décade à la caisse de la préfecture[1]. »

Pour être versée à la caisse préfectorale, le préfet ne prétendait nullement que cette somme entrât dans le trésor public ; son intention était de la faire servir aux besoins généraux du département, aussi bien que les oblations qui seraient recueillies dans la suite. Les raisons qu'il donna de cette affectation sont assez plausibles. Il estimait « que l'article qui applique au soulagement des pauvres du canton de Pluneret la totalité des offrandes est trop limité, puisqu'elles excèdent ses besoins et que plusieurs autres parties du département peuvent y prétendre un droit égal, et qu'il est juste d'y faire participer par les moyens les plus propres le plus grand nombre possible des indigènes[2]. » C'est dans le sens de ces considérations que fut rédigé le nouvel arrêté. En voici du reste les différents articles ; il faut bien les publier, parce que tout ce qui touche à Sainte-Anne offre un intérêt particulier :

« L'administration municipale de Pluneret continuera de recevoir les offrandes qui pourront être déposées dans les dépendances de la maison de Sainte-Anne sans destination précise et nommera à cet

---

[1] *Arch. dép. Arrêtés préfectoraux.*
[2] *Id.*

effet un ou plusieurs commissaires qu'elle indiquera au préfet et dont elle sera responsable ;

» Ces commissaires verseront tous les trois mois ou plus souvent s'ils en sont requis, le produit des dites offrandes dans la caisse de la municipalité qui leur en donnera un récépissé et enverra aussitôt au préfet l'état des sommes qu'elle aura reçues ;

» Sur les dites sommes un quart restera entre les mains de la municipalité (pour les besoins indiqués plus haut) ;

» Chaque année dans le courant de vendémiaire (22 sept. — 22 oct.), l'administration existante rendra compte au préfet de la recette générale de l'année, de la dépense dans le même espace de temps et du restant en caisse ;

» A l'égard des trois autres quarts réservés par l'article 3, ils seront versés tous les trois mois au bureau de la préfecture entre les mains d'un caissier que le bureau nommera pour être à la disposition du dit préfet, qui déchargera la municipalité des sommes qu'elle aura ainsi versées ;

» Le produit de ces versements, quel qu'il soit, sera appliqué, d'après les ordres du préfet, à des œuvres de bienfaisance qui ne seront pas bornées à un seul arrondissement, mais auront pour but l'utilité générale ;

» Il sera tenu des comptes particuliers tant de recettes que de dépenses, de toutes les sommes qui entreront au dépôt ou qui en sortiront ; il ne sera fait aucun payement qui n'ait été ordonnancé par le préfet, suivant les formes d'usage ; à ces ordonnances resteront attachées les pièces justificatives[1]. »

Pour obéir à ces prescriptions la municipalité de Pluneret s'empressa d'envoyer au préfet « l'état du produit pendant les trois mois suivants. » Du 22 novembre 1802, date qui clôturait le dernier compte, au 19 février 1803 inclusivement, il montait à 81 livres 8 sols 6 deniers[2]. C'était peu, mais il ne faut pas oublier que c'était l'hiver et que les grands pèlerinages ont lieu en été.

L'arrêté préfectoral, si minutieux qu'il paraisse, avait omis un

[1] *Arch. dép. Arrêtés préfectoraux.*
[2] *Arch. de Pluneret.*

détail important : le salaire des gens employés jour et nuit, pendant les fêtes, à recevoir les offrandes. Dans une lettre adressée au préfet quelques jours avant les fêtes de mars 1803, le maire proposa 3 fr. par jour et par employé, non compris la nourriture qui n'entraînait pas une grande dépense. Ce tarif portait les frais à 234 livres[1], à savoir :

Assemblée du 7 mars, 3 hommes pour 2 jours	18 livres.
Assemblée de la Pentecôte, 4 hommes pour 4 jours	48
Assemblée de Sainte-Anne, 6 hommes pour 6 jours	108
Assemblée de Saint-Vincent, 4 hommes pour 5 jours	60
Total....	234

On ignore quelle réponse fit le préfet à cette demande   Peut-être n'en fit-il aucune ; peut-être songeait-il que le retour à l'état normal s'imposait et qu'après avoir autorisé ou toléré la réouverture de la chapelle, il devait se décharger sur le chef du diocèse du soin de régler tout ce qui se rapportait à ce beau pèlerinage.

X

Retour à l'état normal.

I. — RÉOUVERTURE DE LA CHAPELLE.

Ces dispositions relatives aux employés du pèlerinage, l'affluence du peuple, les généreuses offrandes témoignent que dès lors la chapelle était rendue à la dévotion des fidèles ; mais serait-il possible de fixer la date de cet heureux événement ? Oui, d'une manière approximative. Le maire de Pluneret interrogé par le sous-préfet de Lorient sur l'emploi des oblations, lui répondit le 9 octobre 1802 : « Ce n'est qu'en l'an 9 que le parfait rétablissement de la tranquillité dans ces contrées, de retour avec la liberté des cultes, a permis aux personnes charitables et pieuses d'exercer leur bienfaisance dans cette chapelle[2]. »

[1] *Arch. de Pluneret.*
[2] *Id.*

L'an IX allait du 23 septembre 1800 au 22 septembre 1801. C'était dans l'intervalle de ces deux dates qu'eurent lieu les négociations relatives à la pacification religieuse et la promulgation solennelle du Concordat. La générosité des fidèles coïncidant avec le retour à la liberté du culte, c'est donc dans le même temps que se fit la réouverture de la chapelle. On peut préciser davantage.

Aussitôt que la chapelle fut rendue au culte, les pèlerins y affluèrent et y déposèrent des offrandes. Dès lors aussi les autorités locales durent appliquer les règlements qui fixaient à cet égard leurs attributions. Or la délibération municipale sur ce point est du 19 avril 1801, et elle mentionne la charge confiée par le maire et l'adjoint aux citoyens Mathurin Guégan du Varquez, Pierre Rio et Augustin Bosco de Sainte-Anne, de recueillir les dons sous la surveillance de la municipalité et de les consacrer, comme par le passé, au soulagement des pauvres et aux réparations de la chapelle[1]. Deux jours après, le maire leur ordonna de tenir un registre « pour constituer le produit des offrandes et justifier de leur emploi[2] ».

Cette double mesure ferait croire, à défaut d'un document précis, que la chapelle a été rouverte en avril 1801, et que, par suite, elle a été deux ans fermée. La levée de l'interdiction marquait le premier pas dans la voie de la réparation, la remise des offrandes à l'évêque en marqua le second.

II. — REMISE DES OFFRANDES A L'ÉVÊQUE.

L'arrivée de Mgr de Pancemont ne modifia nullement l'attitude du préfet, qui continuait à s'occuper de Sainte-Anne et des dons qu'on y offrait. Ce soin cependant ne le regardait plus ; mais il avait sans doute son plan, et pour le réaliser, il semblait attendre une occasion. Elle allait bientôt se présenter.

L'attention du nouvel évêque s'était portée de bonne heure sur le pèlerinage, et il savait bien le concours qui s'y faisait, puisqu'un document de l'époque montre la route de Vannes à Sainte-Anne

[1] *Arch. de Sainte-Anne.*
[2] *Arch. de Pluneret.*

encombrée de pèlerins[1]. Dans le but de pourvoir à tous les besoins de la piété, il loua en 1803 une partie du couvent[2], et y installa deux chapelains, dont l'un était Grégoire Blouet, ancien prieur des Carmes d'Hennebont[3]. Le service de la chapelle étant ainsi organisé, le préfet n'hésita plus, et le 24 octobre 1803, il régla la question des offrandes d'une manière définitive :

« Considérant que le département du Morbihan possède un évêque à qui tous les actes de bienfaisance sont familiers, que lui procurer les moyens de les multiplier, c'est entrer dans les vues de la Providence qui lui a destiné une place éminente afin qu'il accomplisse dans toute son étendue l'œuvre de la miséricorde », le préfet arrête qu'à partir du même jour, « le produit des offrandes du pèlerinage sera mis à sa disposition, qu'il en dirigera l'emploi et nommera pour faire la recette des commissaires à son choix, dont néanmoins le maire de Pluneret devra en faire partie[4]. »

Précieux résultat ! L'évêque l'avait obtenu autant par sa complaisance envers le premier Consul que par sa fidélité à ses devoirs de pasteur. Pour que tout fût complet, il ne restait qu'à assurer l'avenir en rachetant le couvent, et avec le couvent la chapelle qui en faisait partie.

III. — RACHAT DU COUVENT.

Les négociations à ce sujet commencèrent de bonne heure par l'entremise de M. Deshayes, curé d'Auray. Elles aboutirent enfin, le 18 janvier 1810, jour où Mgr de Beausset acquit en son nom personnel le vaste immeuble. Il y appela les Jésuites en 1815, et le céda au diocèse en 1822. Depuis lors le couvent des Carmes est demeuré un établissement diocésain et le pèlerinage a pris de jour en jour un plus grand développement.

[1] *Arch. de Plumergat.*
[2] *Arch. de l'Évêché.*
[3] Notes de *l'abbé Luco.*
[4] *Arch. départ. Arrêtés préfectoraux.*

TABLE DES MATIÈRES

TABLE DES MATIÈRES

Vannes. — Imp. Lafolye, 2, place des Lices.

ERRATA